MAIS SÊNECA, MENOS PROZAC

CLAY NEWMAN

MAIS SÊNECA, MENOS PROZAC

Para quem não quer mais sofrer

Tradução
Sandra Martha Dolinsky

3ª edição

RIO DE JANEIRO | 2017

CIP-BRASIL. CATALOGAÇÃO NA FONTE
SINDICATO NACIONAL DOS EDITORES DE LIVROS, RJ

N461m
3. ed.
Newman, Clay
    Mais Sêneca, menos Prozac / Clay Newman; tradução: Sandra Martha Dolinsky. – 3. ed. – Rio de Janeiro: Best*Seller*, 2017.

    Tradução de: El Prozac de Séneca
    ISBN 978-85-7684-941-4

    1. Autoestima. 2. Técnicas de autoajuda. 3. Estoicismo. I. Título.

15-23565   CDD: 158.1
                                CDU: 159.947

Texto revisado segundo o novo Acordo Ortográfico da Língua Portuguesa.

Título original
EL PROZAC DE SÉNECA

Copyright © 2014 by Clay Newman
Copyright da tradução © 2015 by Editora Best Seller Ltda.

Publicado mediante acordo com Sandra Bruna Agencia Literaria, SL

Capa: Guilherme Peres
Foto de capa: iStock
Editoração eletrônica: Abreu's System

Todos os direitos reservados. Proibida a reprodução, no todo ou em parte, sem autorização prévia por escrito da editora, sejam quais forem os meios empregados.

Direitos exclusivos de publicação em língua portuguesa para o Brasil adquiridos pela
EDITORA BEST SELLER LTDA.
Rua Argentina, 171, parte, São Cristóvão
Rio de Janeiro, RJ – 20921-380
que se reserva a propriedade literária desta tradução

Impresso no Brasil

ISBN 978-85-7684-941-4

Seja um leitor preferencial Record.
Cadastre-se e receba informações sobre nossos lançamentos e nossas promoções.

Atendimento e venda direta ao leitor
mdireto@record.com.br ou (21) 2585-2002

Sumário

I. CONFISSÃO DO AUTOR
Como minha tentativa de suicídio me devolveu a vida 13

II. INSTRUÇÕES DE USO
Este livro é um medicamento 21

III. A FARMÁCIA
A Mãe Natureza 27

IV. O MÉDICO
Lúcio Aneu Sêneca 33

V. OS PRINCÍPIOS ATIVOS
Os valores do estoicismo 39

Para ser feliz por si mesmo 45
1. *Honestidade*
Para os que enganam a si mesmos e fingem que não veem 47
2. *Humildade*
Para os que acham que sabem tudo e são incapazes de reconhecer seus erros 53
3. *Autoconhecimento*
Para os que ignoram quem são, como funcionam e do que necessitam 59

4. *Consciência*
   Para os que vivem adormecidos e não percebem
   que não percebem.. 65
5. *Energia*
   Para os que não cuidam da saúde, os preguiçosos
   e os viciados em sofá 71
6. *Silêncio*
   Para os viciados em barulho, os que não escutam
   e os que temem a dor.. 77
7. *Autoaceitação*
   Para os que não se amam, se maltratam e exigem
   ser melhores do que são....................................... 83

PARA ESTAR EM PAZ COM OS OUTROS 89
8. *Responsabilidade*
   Para os que se fazem de vítimas e temem assumir
   as rédeas da própria vida 93
9. *Proatividade*
   Para os que não são donos de si mesmos e são
   escravos de suas reações emocionais................... 99
10. *Compaixão*
    Para os que julgam os outros porque não dedicam
    tempo a compreendê-los..................................... 105
11. *Perdão*
    Para os que guardam rancor, culpam os outros
    ou a si mesmos 111
12. *Desapego*
    Para os que continuam dependendo de seu entorno
    social e buscam a felicidade nos outros 117
13. *Assertividade*
    Para os que são agressivos ou se escondem
    passivamente com medo de se mostrar 123
14. *Aceitação dos outros*
    Para os que não sabem amar e tentam mudar
    os outros... 129

PARA AMAR A VIDA COMO ELA É 135

15. *Evolução*
    Para os niilistas, os cínicos e os que se negam
    a aprender 139
16. *Correspondência*
    Para os que acreditam na injustiça, os que não
    aproveitam seu destino nem desenvolvem
    sua missão 145
17. *Equanimidade*
    Para os que acreditam que as coisas são boas ou
    ruins e não veem a perfeição inerente à vida 151
18. *Gratidão*
    Para os que querem mais do que têm, sem saber
    que o que têm é aquilo de que necessitam 157
19. *Confiança*
    Para os que estão obcecados com a segurança
    e negam a incerteza da vida 163
20. *Obediência*
    Para os que acreditam que a liberdade consiste
    em fazer sempre o que lhes dá na telha 169
21. *Aceitação da realidade*
    Para os que querem mudar o mundo à imagem
    e semelhança de seus egos 175

VI. O EXCIPIENTE
   A vida como aprendizagem 181

VII. A CURA
   Agradecimentos 185

VIII. BIBLIOGRAFIA RECOMENDADA
   Livros sobre Sêneca e o estoicismo 189

Dedicado a quem sabe que há uma grande diferença entre existir e estar vivo

A sabedoria é o único remédio que cura as doenças da alma.

Lúcio Aneu Sêneca

I. CONFISSÃO DO AUTOR

Como minha tentativa de suicídio me devolveu a vida

Serei muito honesto com você desde o início. Não sou nenhum santo. E muito menos um exemplo a seguir. Mas, para destacar algo sobre mim, vou dizer que fui uma criança precoce. A primeira vez que me embebedei tinha 14 anos. A primeira vez que fumei um baseado, 15 e meio. A primeira vez que fui preso, 16, quase 17. E a primeira vez que tomei meu primeiro antidepressivo, 18 recém-completados.

Farta de meu mau comportamento, notas ruins e maus hábitos, minha mãe por fim me arrastou até o consultório de um bom psiquiatra. O prestigioso médico — cujo consultório parecia um mausoléu de títulos e diplomas — dignou-se a tratar um libertino alcoólatra, viciado em drogas e violento como eu simplesmente porque no passado havia tratado meu pai. E, como ele, também me diagnosticou sofrendo de um "quadro depressivo agudo".

Sendo um grande conhecedor da condição humana, bastaram-lhe apenas duas sessões para me receitar remédios. Segundo contou à minha mãe, meu problema era genético e não tinha solução. Meu pai viveu deprimido quase a vida toda, até que se jogou nos trilhos do metrô na estação Grand Central, em Nova York. E o mesmo fez meu avô. Bem, ele pulou do 42º andar do emblemático hotel nova-iorquino Waldorf Astoria. Pelo visto, meu caso era bastante claro. Minha herança genética havia me transformado — irremediavelmente — em um suicida em potencial. E, ao que parecia, aquele remédio era minha única salvação.

Não tenho autoridade moral para julgar os antidepressivos. A verdade é que aqueles comprimidos cor de creme foram de grande ajuda. Pelo menos por um tempo. Eu tomava um depois do café da manhã e outro antes do jantar, acompanhados por um grande copo de água. É verdade que fisicamente eu me sentia anestesiado, e intelectualmente bem mais estúpido. Mas não vou enganar ninguém: aquele estado de *pseudofelicidade*, no qual eu não ligava para nada, parecia um período de férias em um hotel cinco estrelas com tudo incluído.

Meu único problema foi que eu não conseguia sentir absolutamente nada. Os médicos se referem a esse estado como "anedonia". De fato, eu nem sequer pude me despedir de minhas três inseparáveis companheiras de viagem: a raiva, a ansiedade e a melancolia. Da noite para o dia elas desapareceram sem deixar rastro. Mas não foram muito longe: ocuparam o porão da minha alma. E não tinham a menor intenção de ir embora enquanto não me dessem uma boa lição. No entanto, naquela época o verbo "aprender" e o substantivo "aprendizagem" não constavam no meu vocabulário.

Entupido de antidepressivos, comecei a fazer o que supostamente tinha que fazer com minha vida e me tornei um substituto de mim mesmo. Aos 19 anos arranjei um emprego em um armazém. Um ano depois, me apaixonei perdidamente por uma garota. Não sei se foi o nervosismo ou a paixão, mas na primeira vez que fizemos amor eu a engravidei. E pouco depois decidimos nos casar. Nosso caso foi a crônica de um divórcio anunciado.

Ficamos juntos por quatro anos, e durante esse tempo percebi que eu era uma pessoa anormal demais para levar uma vida "normal". Porém, para minha mulher a normalidade caía maravilhosamente bem. Não me vem à cabeça nada de desagradável para dizer sobre ela. Seu único defeito era ter a mim como marido. Por sorte, nossa filha herdou os genes dela. Cada vez que ela cruzava com alguém, fosse quem fosse, cumprimentava com um sorriso acolhedor.

Embora seja doloroso reconhecer — e muito mais escrever —, eu não soube valorizá-las nem amá-las quando as tive ao meu lado. Reconhecer que fui um mau pai e um péssimo marido é o mínimo que posso fazer. E então, no dia 4 de fevereiro de 1981, ela pediu o divórcio e se mudou com nossa filha de 3 anos para a casa de meus sogros em São Francisco. Um ano depois, ela encontrou um homem à altura de suas expectativas e minha filha pôde ter o pai que merecia.

O LIVRO QUE SALVOU MINHA VIDA

Naquela época eu não tinha emprego nem renda. Fiquei uns meses flertando com a indigência. Como vagabundo, era tão vago que não tinha por onde vagar. E, não sei como, acabei uma noite em um motel nojento. Foi quando escolhi pegar o caminho fácil. Mas, diferente de meu pai e de meu avô, eu não queria dar nenhum showzinho em via pública. Decidi pôr fim à minha vida em um banheiro sujo, armado com um frasco de Valium. No total, ingeri 24 comprimidos, um para cada ano de minha insignificante e patética existência.

Não tenho por que mentir. E você não tem por que acreditar. Mas a verdade é que no momento em que tive certeza de que ia morrer, algo em mim fez clique. De repente, sem saber muito bem por que, eu quis começar a viver. Levantei-me do chão, olhei em meus olhos no espelho do banheiro e me lembrei de meu pai. A seguir, enfiei dois dedos na garganta e, assim que encostei na goela, comecei a vomitar da forma mais selvagem possível.

Aqueles comprimidos, ainda não decompostos, estavam misturados com os restos de um Big Mac com batatas fritas, ketchup, maionese, mostarda e Coca-Cola. Muito pouco dessa nojeira descansava no fundo do vaso sanitário. A maior parte escorria pelos azulejos da parede. E visto que, apesar de tudo, sou um sujeito de bons modos, comecei a limpar aquele desastre. Mas logo acabei com todo o papel higiênico.

Saí do banheiro e dei uma olhada no quarto. O armário estava vazio, mas na segunda gaveta do criado-mudo encontrei um livro bem velho. Sem nem sequer ler o título na capa, decidi utilizar suas folhas para continuar limpando os restos de vômito. Arranquei a primeira página e, ao pousá-la sobre um azulejo, ela ficou grudada. Só então percebi que havia uma dedicatória escrita com caneta-tinteiro, que dizia o seguinte: "Você acredita no destino? Este livro foi escrito para você."

Para uma pessoa que havia acabado de tentar o suicídio e que no último instante havia decidido continuar vivendo, aquelas palavras foram um bálsamo para a alma. O livro se chamava *Tratados morales*, e havia sido escrito por um tal de Sêneca. Depois de deixar o banheiro mais limpo do que o havia encontrado, deitei-me na cama e comecei a dar uma olhada no livro. Eu não havia lido nem um único livro em toda minha vida, mas devorei aquele de uma vez só. E, com lágrimas nos olhos, adormeci como um bebê. No dia seguinte, mandei à merda os comprimidos cor de creme. Decidi arcar com a responsabilidade sozinho. Só então compreendi um velho provérbio dos índios sioux, que diz que "a religião é para quem tem medo de ir para o inferno, ao passo que a espiritualidade é para quem já esteve lá".

Já se passaram 32 anos desde aquilo. E hoje, aos 56, vejo com clareza que aquela decisão significou um ponto de mudança radical em minha história pessoal. Não estou aqui para lhe dizer que pare de tomar antidepressivos, se for esse seu caso. Insisto: eles são úteis, mas nos afastam da verdadeira cura. Minha única intenção é compartilhar com você a coisa mais valiosa que aprendi ao longo da vida: a sabedoria é o único tratamento que promove a saúde da nossa alma. E, acreditando ou não no destino, se continuou lendo até aqui, quero que saiba que este livro foi escrito para você.

Clay Newman
Nova York, 24 de agosto de 2013

II. INSTRUÇÕES DE USO

Este livro é um medicamento

Antes de consumir este medicamento, por favor, leia atentamente a bula até o final. E se ao longo da leitura surgir alguma dúvida, consulte a si mesmo. Nenhum farmacêutico pode lhe dar aquilo de que você necessita de verdade. Se quiser, você pode recorrer a alguém que tenha passado por um processo semelhante ao seu e que neste momento seja um referencial de felicidade em seu entorno. Mas nem mesmo essa pessoa poderá ajudá-lo, só poderá compartilhar sua experiência com você.

Propriedades

Este medicamento não tem nada a ver com a medicina ocidental contemporânea nem com a indústria farmacêutica atual. Em vez de aliviar seus sintomas, foi especialmente elaborado para erradicar a causa deles. Sua finalidade é promover a saúde da sua mente, do seu corpo e da sua alma. Assim, suas emoções se curarão sozinhas e sua dor e sofrimento acabarão definitivamente.

Indicações

Este medicamento é indicado para um tipo muito específico de pessoa: aquelas que não suportam mais sofrer. Quem não chegou à saturação do sofrimento pode não gostar do tratamento. Ou não o levar a sério. E até boicotar a si mesmo na tentativa. Para que funcione, você tem que verificar se está cem por cento comprometido com a cura. Só tome caso ser feliz seja sua principal prioridade. Se não for esse seu caso, é importante que não o consuma. Sua hora vai chegar.

Dosagem

Ao longo deste livro descrevo uma série de princípios ativos (qualidades e forças da alma humana), bem como a maneira de cultivá-los e potencializá-los. Enquanto for lendo, descubra quais lhe convém desenvolver mais e comece o tratamento. Tomar este medicamento significa pô-lo em prática. Como se fosse uma academia espiritual. A dose recomendada consiste em três meses de treino. E lembre-se de que você é seu próprio treinador.

Contraindicações

Este medicamento é contraindicado para quem tem alergia a questionar a si mesmo; para quem padece de excesso de ego e acredita que é infeliz porque a vida é injusta; para quem sofre de uma alteração da razão e aponta os outros como culpados por seu sofrimento; para quem vomita vitimismo cada vez que abre a boca. Enfim, para quem tem uma infecção no coração que o impede de ver o que não se pode ver com os olhos.

Precauções

Este medicamento é cem por cento natural e só tem efeitos benéficos; respeita a homeostase de seu organismo, ou seja, a capacidade que o corpo tem de curar a si mesmo. O mais importante é que você deixe de ser um obstáculo para sua saúde. À medida que for treinando, as qualidades e forças irão se ativando em seu interior. Quando chegar a hora, seja feliz, mas não deixe transparecer. Que ninguém saiba. Simplesmente observe as mudanças que vão ocorrer ao se relacionar com seu entorno.

Superdosagem

O objetivo deste medicamento não é fazê-lo mudar ou se tornar uma pessoa melhor, e sim que você passe a se aceitar como é. Se não for consumido adequadamente, pode provocar overdose. Em excesso, pode transformá-lo em um esotérico que utiliza a espiritualidade para negar os assuntos mundanos, ou em um talibã que se sente superior porque cultiva o desenvolvimento espiritual. Cuidado para não se empanturrar e sofrer de má digestão. É preciso saber quando concluir o tratamento.

Prazo de validade

Este medicamento não é indicado para nenhuma idade específica. Nunca é tarde para começar a tomá-lo. Também não vence. É avalizado pela Filosofia Perene. Pode ser consumido sempre, até que o conhecimento que contém se torne sua própria sabedoria. Todos os seus componentes e propriedades curativas procedem do estoicismo, uma filosofia de vida que promove o autoconhecimento como caminho para cultivar os aspectos essenciais de nossa alma: a saúde, o bem-estar, a felicidade e a plenitude.

Advertência final

Tomar este fármaco implica empreender uma viagem pessoal e autodidata. Lembre-se de que você receitou este medicamento a si mesmo, de modo que não deve compartilhá-lo com outras pessoas. Apesar de suas boas intenções, pode prejudicar os outros, mesmo que os sintomas deles sejam iguais aos seus. Não tente acordar quem finge estar dormindo, pois tal pessoa vai se irritar. Se quiser realmente ajudar os outros, cure a si mesmo. E seja a cura que deseja ver em seu entorno.

III. A FARMÁCIA

A Mãe Natureza

Seja sincero consigo mesmo. Você tem dificuldade para cultivar um bem-estar real, profundo e duradouro? Se sim, bem-vindo ao clube. Prova disso é que você comprou este medicamento. Mas não se torture, ninguém lhe ensinou como cultivá-lo. Do mesmo modo, a medicina moderna sofre de uma neurose muito sutil, mas extremamente nociva. Ignora as leis que governam e regem a natureza humana. E em vez de se interessar em promover a saúde de maneira preventiva e investigar como fazê-lo, está obcecada por combater a doença de forma temporária.

Essa é a razão pela qual a indústria farmacêutica se tornou um dos negócios que mais movimentam dinheiro no mundo. Seu investimento multimilionário anual em publicidade e novos medicamentos mostra o estado de mal-estar crônico de que a humanidade padece. Embora o consumo de Prozac não pare de crescer, continua aumentando o número de pessoas no planeta que sofrem de depressão, especialmente nos países ricos e desenvolvidos. Não se deixe enganar pela imagem de cidades como Nova York, Londres, Sidney ou Barcelona. Aonde quer que vamos, a pobreza espiritual é abundante.

Bem... Mas sejamos justos. Temos que reconhecer que as farmácias se tornaram extremamente eficientes e sofisticadas. Proporcionam alívio em tempo recorde quando você precisa, ajudando-o a diminuir a dor. No entanto, a farmácia aí perto da sua casa não pode fazer nada para curar sua alma. Ela oferece curativos para ir levando, o que já é muito, mas não sabe como cuidar da sua saúde nem tem como erradicar de vez seu sofrimento. Além de tudo, se vendessem medicamentos que curassem as doenças do espírito, as farmácias ficariam sem clientes e, em consequência, sem negócio. Tendo se dissociado cada vez mais da natureza, elas se esqueceram de seu sentido original.

Do grego *farmakos*, farmácia significa literalmente "medicamento", e também "droga", dependendo do contexto. Segundo a etimologia do verbo *farmakao*, uma de suas acepções é "ter o espírito transtornado", bem como "ter necessidade de remédios para curá-lo". Daí passamos a *farmakeuo*, cuja tradução é "preparar e administrar um xarope mágico com substâncias naturais (o medicamento) para que o paciente purgue sua alma".

A verdadeira farmácia da vida é a *Pachamama*, que em quíchua significa "Mãe Natureza". Cada erva e planta contém uma série de propriedades curativas. A substância natural mais poderosa denomina-se *ayahuasca* e tem o poder de curar nossa alma. É composta por várias plantas da selva amazônica, como o cipó *Banisteriopsis caapi* e as folhas de arbustos do gênero *Psychotria*. Tem um sabor nojento, repugnante. Cheirar apenas já provoca náusea, e é quase impossível não querer vomitar.

Os médicos da alma dessa região, mais conhecidos como xamãs, utilizam a *ayahuasca* em seus rituais de cura. Atualmente, o Peru é o único país onde sua comercialização é legal, restrita às etnias amazônicas. Nessas etnias é tradição que as pessoas doentes procurem os xamãs, do mesmo modo que no Ocidente vamos ao médico. Essa planta medicinal é utilizada como recurso psicoterapêutico para que os pacientes adquiram uma verdadeira consciência da raiz dos problemas e conflitos que causam os transtornos de suas almas. Para muitos, a experiência de tomar essa poção é um ponto de mudança em seus processos de cura. A maioria fala de uma "experiência mística", na qual a consciência se expande e aumentam a compreensão e a sabedoria acerca de quem somos e de qual é o propósito das nossas vidas.

Os defeitos são forças em potencial

Digo tudo isso simplesmente para que você saiba que o medicamento que tem em mãos foi inspirado na *viagem* espiritual que a pessoa faz quando toma *ayahuasca*. Você está prestes a adentrar seu inconsciente. Parte do tratamento consiste em tomar consciência do que você não sabe ou não quer saber sobre si mesmo. Será como pegar uma lanterna e apontá-la para seu lado escuro.

Mas não se assuste. Tudo tem explicação. Talvez você tenda a repudiar e a condenar aquilo de que não gosta em si mesmo. Eu fiz isso durante quase quarenta anos. Levei muita paulada da vida ao tentar entender que, mais que julgar, maquiar ou esconder nossos defeitos, o foda mesmo é aprender a observá-los e aceitá-los. Mas há um prêmio. No momento em que você compreende e aceita uma das suas carências, ela se transforma em uma das suas principais forças.

Assim, seus defeitos são a bússola que indica a direção de seu verdadeiro potencial. Do latim *defectus*, a palavra defeito significa "carência de alguma virtude própria de alguém ou de algo". Se aplicarmos essa definição ao âmbito de seu caráter (essência) e de sua personalidade (ego), veremos que um defeito é o déficit de uma qualidade. Na academia espiritual, os defeitos são percebidos como músculos flácidos, que precisamos exercitar e desenvolver por meio de treinamento diário. Por exemplo: uma pessoa que padece de vitimismo — queixando-se constantemente e culpando sempre os outros — colhe como resultado sofrimento, porque tem déficit de responsabilidade. Cultivar essa qualidade é o seu remédio.

Por tudo isso, este medicamento é um convite para que você leve uma vida o mais natural possível. E para que transforme seus defeitos em forças, desenvolvendo todo seu potencial como ser humano. No fundo você já intuiu isso: a verdadeira cura ocorre quando você aprende a se sentir feliz, independente das circunstâncias. Quem sabe, no caminho, pode chegar o dia em que não mais precisará de band-aids ou curativos. Você vai saber quando as feridas da sua alma estiverem curadas.

IV. O MÉDICO

Lúcio Aneu Sêneca

Vamos falar um pouco agora do médico em quem este medicamento foi inspirado. Ele se chama Lúcio Aneu Sêneca, filósofo, escritor, político e orador romano. Foi contemporâneo de Jesus de Nazaré, mas os dois nunca tiveram o prazer de se conhecer. Sêneca nasceu em Córdoba no ano 4 a.C. e morreu em Roma 69 anos depois. Um recorde de sobrevivência, considerando que ele passou a vida inteira brincando de esconde-esconde com a morte. Sêneca sempre esteve em contato com a dor, o que lhe dava uma aparência doentia, especialmente devido à asma, de que padecia desde a infância. De fato, ele chegou a escrever que a única coisa que o impedia de cometer suicídio era o mal que sua morte podia causar a seu pai. E foi justamente sua saúde precária que o pôs em contato, desde muito jovem, com a ânsia por estudar filosofia, refletindo sobre os porquês da existência.

Ao entrar na idade adulta, Sêneca ficou prostrado durante muito tempo na cama devido a uma tuberculose, que desgastou ainda mais seu frágil corpo. Mais tarde se casou e teve um filho, que faleceu precocemente. Ainda assim, conseguiu se recuperar e se tornou um reconhecido escritor e o mais brilhante orador de todo o Senado romano.

A força que emanava de suas reflexões e intervenções vinha do fato de elas se inspirarem em sua própria experiência. A verdade é que suas palavras não deixavam ninguém indiferente: Sêneca causava tanto admiração quanto inveja. Entre seus principais inimigos estavam as pessoas mais poderosas da época: os imperadores romanos. Ele trabalhou diretamente com três deles: Calígula, Cláudio e Nero. Deste último, foi inclusive tutor e conselheiro pessoal.

Mas não deviam ir muito com a cara dele: os três o condenaram à morte. No entanto, apesar de ser um sujeito que não acreditava na sorte ou no azar, livrou-se das duas primeiras execuções. E, na terceira, optou finalmente por cometer suicídio. Brutalmente, cortou as veias dos próprios braços e pernas, e, enquanto se esvaía em sangue, pediu que lhe administrassem cicuta, a mesma planta venenosa que séculos antes havia acabado com a vida de Sócrates. Pouco depois de tomá-la, Sêneca expressou um último desejo: um banho de água quente. Foi assim que pôs fim à sua história: com as veias cortadas, envenenado e morto por asfixia pelo efeito do vapor. A causa da sua morte foi a asma com a qual havia nascido.

O primeiro médico da alma no Ocidente

Com o tempo, descobriu-se que os motivos que haviam levado a suas três penas capitais eram completamente infundados.

Tendo passado a vida toda questionando e desafiando a forma de pensar dominante, Sêneca foi caluniado, perseguido, acossado e sentenciado. E tudo para que se calasse. Que boquinha de ouro ele deve ter tido! Não quero parecer muito sentimental, mas, segundo meu *humilde* ponto de vista, Sêneca foi assassinado porque a luz que emanava da sua mensagem era dolorosa demais para aqueles que escolhiam viver na escuridão.

Se você houvesse assistido a uma de suas palestras, ele o teria motivado a aprender a estar em paz consigo mesmo. Principalmente porque só assim você pode promover um verdadeiro bem-estar para com os outros. Sem querer ser chato, permita-me compartilhar com você um fragmento do livro que salvou minha vida, *Tratados morales*. Em uma de minhas passagens favoritas, Sêneca escreve uma carta a seu discípulo Lucilo sobre como receber os golpes que a vida nos dá: "Viver sempre no conforto e passar sem uma pena na alma é ignorar a outra metade da natureza. Tu afirmas ser uma grande pessoa, mas como poderei saber, se a fortuna não te brinda a oportunidade de mostrar tua virtude? Eu te julgo infeliz por nunca ter sido infeliz. Passaste a vida sem adversário: nem sequer tu mesmo saberás até onde alcançam tuas forças."

Embora no curto prazo possa parecer uma atitude masoquista, Sêneca tinha ciência do enorme potencial que cada ser humano pode desenvolver dentro de si mesmo, estreitamente relacionado à sua capacidade de crescer espiritualmente. Esse filósofo foi, antes de mais nada, um médico da alma. Um dos primeiros no Ocidente. Sua especialidade era curar uma doença espiritual muito comum em sua época, denominada "sofrimento". Não em vão, ele foi especialista em enfrentar e superar situações adversas e complicadas. E, dado que não pôde fazer uso de nenhum antidepressivo artificial, se dedicou com paixão a encontrar um remédio natural. O Prozac de Sêneca sempre foi a sabedoria. Esse é o medicamento que você está prestes a tomar. Espero que funcione com você tão bem quanto funcionou comigo.

V. OS PRINCÍPIOS ATIVOS

Os valores do estoicismo

Este medicamento contém 21 princípios ativos. Trata-se de uma série de propriedades que, adequadamente administradas, podem produzir efeitos farmacológicos em seu organismo, possibilitando-lhe obter o resultado terapêutico esperado. Em uma determinada dose, em um determinado tempo e por meio de um determinado tratamento, é bem possível que você se cure. Ou seja, que transforme seu sofrimento em felicidade. A única garantia que você tem é o compromisso assumido consigo mesmo.

Essas 21 qualidades e forças espirituais foram inspiradas nos valores promovidos pelo estoicismo, um movimento filosófico cujo representante máximo foi Sêneca, junto com o imperador Marco Aurélio e o escravo Epiteto. Suas origens remontam ao ano 301 a.C., na Grécia antiga. Naquela época, as pessoas afligidas por uma doença dolorosa costumavam ir até o coração de Atenas para escutar Zenão de Cítio, fundador dessa escola de filosofia. Os historiadores concordam em afirmar que ele foi um dos primeiros gurus especializados no desenvolvimento pessoal. Seus ensinamentos centravam-se em dotar as pessoas de recursos e ferramentas para que elas pudessem enfrentar seus conflitos e problemas.

E a verdade é que as pessoas iam em massa para escutá-lo e lhe fazer perguntas. Não em vão, suas reflexões transbordavam otimismo e enchiam de energia o espírito de seus interlocutores. Zenão de Cítio costumava explicar que a vida é uma escola e que nós, seres humanos, somos estudantes que vieram aprender. Por isso suas palestras e discursos eram essencialmente didáticos e compartilhavam uma série de diretrizes muito práticas para que seus seguidores melhorassem suas competências na arte de viver.

Segundo o estoicismo, devemos ser gratos pelos infortúnios que fazem parte de nosso destino, pois só assim poderemos desenvolver a sabedoria (para escolher sempre o bem), a ética (para dar o melhor de nós) e a virtude (para saber como fazê-lo). Para os estoicos a vida não é governada por sorte, acaso, coincidências ou casualidades. Pelo contrário, é regida pela "lei da causa e do efeito", segundo a qual colhemos o que semeamos, eliminando toda possibilidade de cairmos nas garras do inútil e perigoso vitimismo.

Ataraxia e impassibilidade

Você não sabe como foi difícil aceitar que sou cocriador e corresponsável pelo que atraio para minha vida. Mas a recompensa de assumir essa responsabilidade pessoal — e de dar início a uma mudança de atitude — é a "ataraxia", ou impassibilidade frente às circunstâncias desfavoráveis. Consegue-se essa sólida paz interior por meio do treinamento e da prática diários. Isso não significa que você tem que se agarrar à sua força de vontade, mas que precisa ter vontade de questionar seu jeito de pensar. Fazendo isso, o bem-estar que anseia chegará de maneira fluida e natural, no devido tempo.

Enfim, os estoicos foram os primeiros a introduzir no Ocidente a ideia de aprender com a adversidade. Essencialmente porque as dificuldades que a vida nos impõe são uma oportunidade magnífica para descobrirmos e fortalecermos nossas virtudes. O lema do estoicismo poderia ser resumido assim: "Quanto maior for seu tormento (se aprender com ele), maior será sua glória." Atualmente, fala-se de atitude estoica quando encaramos os infortúnios com integridade, força, aceitação e serenidade. Da mesma forma como — dizem os historiadores — Sêneca enfrentou seu inevitável destino.

Tanto Sêneca quanto o estoicismo influenciaram o pensamento e a obra de muitos líderes, filósofos e escritores, como Michel de Montaigne (1533-1592), William Shakespeare (1564-1616), Jean-Jacques Rousseau (1712-1778), Henry David Thoreau (1817-1862), Leon Tolstói (1828-1910), Friedrich Nietzsche (1844-1900), Mahatma Gandhi (1869-1948), Hermann Hesse (1877-1962), Aldous Huxley (1894-1963), Viktor Frankl (1905-1997), Nelson Mandela (1918-2013), Martin Luther King (1929-1968) ou Stephen Covey (1932-2012), entre outros. A verdade é que, frente à decadência espiritual de que padecem atualmente as sociedades modernas ocidentais, os valores do estoicismo são mais necessários que nunca.

À medida que prosseguir na leitura, vá reconhecendo os defeitos da sua personalidade e comprometa-se a pôr em prática o tratamento correspondente durante três meses. O objetivo é que por meio desse processo de autoconhecimento e treinamento você cultive as qualidades e a força próprias do seu caráter, desenvolvendo, assim, todo o seu potencial. Espero que curta a viagem.

Para ser feliz por si mesmo

A qualidade da sua existência depende de como você se relaciona consigo mesmo, com os outros e com a vida. Para ser feliz, é necessário que saiba se relacionar com sabedoria. Lembre-se de que a luta, o conflito e o sofrimento são sintomas da sua ignorância, ao passo que a aceitação, a harmonia e a felicidade são indicadores da sua sabedoria. Assim, o primeiro passo para começar a obter resultados satisfatórios nas diferentes dimensões da sua vida é compreender que existem três tipos de assuntos: os seus, os dos outros e os da realidade.

Seus assuntos são tudo aquilo que tem a ver com você. Fazem parte do seu círculo de influência. Quer dizer, aquilo que depende de você controlar e modificar para ser feliz. E por felicidade quero dizer zero por cento de sofrimento. Por outro lado, os assuntos de outras pessoas e os da vida fazem parte do seu círculo de preocupação. Sua felicidade não tem nada a ver com eles. E não depende de você controlá-los nem mudá-los. Se tentar fazer isso, vai se perturbar. Boa parte de seus medos, tensões e frustrações se deve ao fato de você se intrometer nos assuntos dos outros e se preocupar com os assuntos da realidade. Assim, você se esquece de cuidar dos próprios assuntos.

Da próxima vez que sofrer, simplesmente verifique de quem é o assunto. E se dedique a ele só se comprovar que é realmente seu. Aprender a se dedicar aos seus próprios assuntos leva, irremediavelmente, a alcançar a maestria na arte de se relacionar consigo mesmo. É justamente a isso que se refere um dos provérbios essenciais do estoicismo: "Concedei-me a serenidade para aceitar aquilo que não posso mudar (os assuntos dos outros e da vida), a coragem para mudar o que me for possível (meus próprios assuntos) e a sabedoria para saber discernir entre os dois."

A seguir, detalho os sete princípios ativos que Sêneca ensinava para cultivar a "inteligência intrapessoal", ou seja, aquela que lhe permite melhorar a relação que você mantém consigo mesmo. À medida que for treinando essas qualidades e forças espirituais, descobrirá que só você pode se fazer feliz. Ou, em outras palavras: o único obstáculo que o separa da felicidade é você mesmo.

1. Honestidade
Para os que enganam a si mesmos e fingem que não veem

Considerações médicas
Reconheça que está "doente", isso é parte da cura
Que ninguém o confunda. Embora possa parecer a mesma coisa, uma coisa é o "bem-ter", e outra muito diferente é o bem-estar. Só uma das duas cura a alma. A outra é justamente o curativo que o sistema lhe oferece. A cada dia fazem com que acredite que a felicidade está fora de você. Que é algo externo que você precisa conseguir, de preferência através do dinheiro. Ou pior ainda: transformando-se em alguém que você não é para ter sucesso ou agradar aos outros. Dê uma olhada rápida no estilo de vida contemporâneo. A maioria das pessoas trabalha com algo que odeia para consumir coisas de que não necessita, e poder, assim, impressionar vizinhos que detesta. E, enquanto isso, para se afastar da dor, tentam se divertir e fugir o máximo possível, enquanto é possível... Mas vamos ao que interessa. Você é feliz de verdade? Sente com frequência uma paz profunda? Costuma dar o melhor de si ao interagir com o próximo? São três perguntas muito simples, que até uma criança de 7 anos poderia responder — e diria a verdade. Mas alguma

coisa acontece quando nos tornamos adultos. A situação se complica, não é? Não gosto que seja eu a lhe dizer isso, mas a sociedade está doente. E não quero ofendê-lo, mas, se você não vê isso, é porque também faz parte dessa doença. Gostando ou não, reconhecer que está doente é o primeiro passo para poder se curar.

Composição
Atreva-se a dizer a verdade a si mesmo, ainda que seja dolorosa
A mentira mais comum é a que você conta a si mesmo. Mas não se culpe, você faz isso sem perceber. É simples sobrevivência emocional. Você precisa se enganar para poder se levantar todas as manhãs. E embora finja na frente das pessoas — fazendo sua melhor cara —, faz tempo que não acredita em sua própria máscara. Tenta desesperadamente conseguir algo que nenhum shopping poderá jamais lhe proporcionar. E há tantos anos procura no lugar errado que, no fim, conformou-se com substitutos da felicidade, como o prazer, o conforto ou o entretenimento. Com certeza está perdido. E quem não está? Muita gente andou confundindo você durante muitos anos, pressionando-o e convencendo-o a fazer coisas que não lhe convém fazer para ter coisas que não precisa ter. Observe os resultados que está colhendo nas diferentes dimensões da sua existência. O que você vê? Se sua vida carece de sentido, reconheça isso. Não se engane mais. Se você se sente vazio, assuma. Pare de olhar para o outro lado. O "autoengano" é um déficit de honestidade. A honestidade lhe permite reconhecer que sua vida está uma

confusão porque você está confuso com relação à vida. A menos que admita que tem um problema, será impossível solucioná-lo. A única coisa que vai conseguir é criar novos problemas, cada vez mais sofisticados.

Tratamento
Assuma sua própria merda
Como dizer isso de um jeito elegante? Assim como você tem diarreia quando seu estômago se enche de fast food, você fica repleto de *bosta* emocional quando sua mente se satura de ignorância. A que bosta me refiro? A seus defeitos. Cada um exala seu próprio aroma. Medos, inseguranças, complexos, carências, frustrações, misérias, traumas... Não importa quanto se perfume, você está cheio de merda, igual a todo mundo. E acredite, mesmo que não queira perceber, às vezes você exala um fedor grosseiramente desagradável. Durante três meses, não use sabonete, não passe desodorante nem perfume. Se quiser se curar, precisa começar a sentir seu cheiro interior, não importa qual seja. Quando sentir o mau cheiro, inale profundamente. Segure alguns segundos. E exale devagar... Assim como ninguém acha ruim o cheiro dos seus próprios peidos, aprenda que suas bostas emocionais não cheiram mal. Identifique-as. Faça uma lista, pendure-a na porta da sua geladeira. E entenda o que dizem sobre você; o que precisa aprender para transformar seus defeitos em qualidades. A honestidade para consigo mesmo é tudo que você tem. Ande logo, seja sincero e confesse a verdade a si mesmo. Ainda que seja só por curiosidade.

Efeitos terapêuticos
Dá força para que você se questione
A honestidade pode ser muito dolorosa no início, mas em médio prazo o libera da prisão mental em que você mesmo se trancafiou. Permite que você enfrente a verdade sobre quem é e como se relaciona com seu mundo interior. E, assim, você dá início ao caminho que o conduzirá à saúde e ao bem-estar espiritual. Cultivar a honestidade provoca uma série de efeitos terapêuticos. Entre outros benefícios, destacam-se as seguintes qualidades, forças e virtudes. Use-as como indicadores, para verificar se realmente se curou e erradicou a doença do autoengano:

- Diminuição do medo de se conhecer e enfrentar seu lado obscuro;
- Incapacidade de continuar usando uma máscara para agradar aos outros e ser aceito por seu entorno social e profissional;
- Menor habilidade para varrer seus problemas e conflitos emocionais para baixo do tapete;
- Força para se questionar, identificando a falsidade e as mentiras que podem estar fazendo parte da sua vida;
- Perda de interesse em se justificar cada vez que alguém aponta um dos seus defeitos;
- Aumento de motivação para desenvolver seu potencial como ser humano;

- Frequentes episódios de alívio por não ter que fingir ser quem não é, e também não precisar da aprovação da sociedade.

> Quem de nós tem coragem
> de dizer a si mesmo a verdade?
>
> SÊNECA

2. Humildade
Para os que acham que sabem tudo e são incapazes de reconhecer seus erros

Considerações médicas
Você é uma pessoa pré-fabricada
Se você pensa como o cidadão médio, com certeza acredita que seu jeito de ver a vida é *"o" jeito de ver a vida*. E que quem vê as coisas de modo diferente de você está enganado. Se você se comporta como um cidadão normal, tende a se cercar de pessoas que pensam exatamente como você. E a considerar que elas são as únicas "sensatas". Por acaso sabe de onde provém sua visão da vida? Acha que é sua? Que você a escolheu? Não, rapaz, não! Quem dera! Desde o dia em que você nasceu sua mente foi condicionada a pensar e se comportar de acordo com as opiniões, os valores e as aspirações do seu entorno social e familiar. Por acaso escolheu o idioma que fala? E o que me diz do seu time de futebol? Você é um cidadão pré-fabricado, que se encaixa no molde de que a sociedade necessita para perpetuar o sistema econômico. Em função do país e do bairro onde foi educado, neste momento você se identifica com determinada cultura, religião, política, emprego e moda, assim como seus vizinhos. Como você veria a vida se houvesse nascido em uma

aldeia de Madagascar? De forma diferente, não? E então, por que você se apega a uma identidade emprestada, de segunda mão, tão aleatória quanto o lugar onde nasceu?

Composição
Com certeza você está errado e nem sequer sabe
Neste momento você tem certeza de muitas coisas. E, apesar do sofrimento e do conflito que colhe, não costuma achar que está enganado. Bom, mas quem acha? Perceba, no entanto, que acreditar que sabe algo não é igual a saber de verdade. Como você não tem nem ideia de quem é, utiliza uma série de mecanismos de defesa para proteger seu falso conceito de identidade. Entre eles destaca-se a arrogância de acreditar que você não tem nada a aprender. É assim que você evita remover os pilares sobre os quais construiu seu sistema de crenças. Também utiliza o orgulho, que o impede de reconhecer e corrigir seus próprios erros. E faz o mesmo com a soberba, que o leva a se sentir superior cada vez que se compara com alguém, evidenciando seu complexo de inferioridade. Daí, justamente, é que surge a prepotência, com a qual tenta demonstrar que sempre tem razão. Por último, mas não menos nocivo, aparece sua vaidade, fazendo ostentação das suas virtudes e conquistas. Todos esses defeitos mostram uma carência de humildade. Etimologicamente, essa qualidade provém de *humus*, que significa "terra fértil". É o que lhe permite adotar uma atitude aberta, flexível e receptiva para poder aprender aquilo que ainda não sabe.

Tratamento
Reconheça de uma vez que não sabe nada
O que você sabe sobre si mesmo? O que sabe sobre os outros? E sobre o universo? Agora que ninguém está vendo, deixe de lado por um instante o orgulho e a soberba com que se protege aí fora. Imagine que não há ninguém a quem contentar ou impressionar. Ninguém de quem se defender ou a quem se justificar. Imagine que é só você e a existência. Está sentindo? Você está nu diante da vida. Fica evidente que você não sabe nada. Nem você, nem eu, nem ninguém sabe merda nenhuma! Dê uma olhada na sociedade. Você vê seres humanos felizes ao volante dos carros no meio de um congestionamento? Vê pessoas que se sentem em paz aparecendo na televisão? Vê muito amor nos campos de futebol? A ignorância é o germe da infelicidade. E esta, a raiz da qual florescem o resto dos seus conflitos e perturbações. Não sei você, mas eu nunca conheci alguém que quisesse sofrer; só conheço pessoas que querem ser felizes, mas não sabem como. Por acaso você não é uma delas? Durante três meses, parta da premissa de que não sabe nada. E que cada dia é uma oportunidade para reconhecer seus erros e aprender com eles. Conceba suas perturbações como um indicador infalível de que seu jeito de interpretar o que lhe acontece é equivocado, falso ou limitado. Ou as três coisas juntas.

Efeitos terapêuticos
Permita-se aprender, crescer e evoluir
A humildade está relacionada ao reconhecimento e à aceitação dos seus defeitos, fraquezas e limitações. É a única coisa que o predispõe a questionar aquilo que até agora você dava por certo. E, se você ainda for vaidoso ou prepotente, inspira-o a se limitar a fechar a boca. E a só falar de suas conquistas caso lhe perguntem. E, nesse caso, motiva-o a ser breve e não se deleitar. É fato que suas qualidades fazem parte de você, mas não são *suas*. Cultivar a humildade causa os seguintes efeitos terapêuticos (e ao mesmo tempo erradica a arrogância, a soberba, o orgulho e a vaidade):

- Diminuição do medo de questionar aquilo em que sempre se acreditou, contestando, assim, o núcleo sobre o qual construiu sua identidade;
- Força para aprender com cada erro que cometer, compreendendo que eles são necessários para que você continue crescendo e evoluindo;
- Perda de interesse em discutir, impor sua opinião ou ter razão;
- Maior predisposição para escutar novos pontos de vista, mesmo quando se opõem a suas crenças;
- Ataques temporários de lucidez, nos quais reconhece que é um ignorante e vislumbra com clareza o caminho para a sabedoria;
- Frequentes episódios nos quais não só silencia elegantemente suas virtudes, mas também permite que os outros descubram suas próprias virtudes;

Mais curiosidade para explorar formas alternativas de entender a vida, que você nem sequer sabia que existiam.

Reconhecer nossos erros é doloroso, mas viver enganados é a causa do nosso sofrimento.

Sêneca

3. Autoconhecimento
Para os que ignoram quem são, como funcionam e do que necessitam

Considerações médicas
Quem é você?

Não é seu nome nem o lugar onde nasceu. Não é o que você faz nem o que tem. Não é seu trabalho, sua roupa, seu carro, sua casa ou seus bens. Também não é o que os outros pensam a seu respeito. Você está tão acostumado a ser quem supostamente devia ser que não tem a mais remota ideia da sua verdadeira identidade. E, para disfarçar, você passa o dia atrás de uma máscara, relacionando-se com outras máscaras, que escondem seres humanos que também não conhecem a si mesmos. Por isso a sociedade é um grande teatro. E não falo metaforicamente. Cada um de nós se transformou em um ator que interpreta um roteiro de vida escrito por outros e voltado a atender às expectativas dos outros. Seu mal-estar é proporcional a seu estado de confusão. E este reflete em sua mente disfuncional. Não se preocupe com o que os outros pensam. Embora seja difícil compreender, você não é o que pensa de si mesmo. De fato, não se parece em nada com a pessoa que acha que é. No entanto, se identifica com todo tipo de pensamentos, inclusive com alguns que não fazem nenhum sentido. Como você pode ser sua mente se tem a capacidade de observá-la? Como pode ser seus pensamentos se pode modificá-los? Você não é o papo que ouve em sua cabeça: é o *ser* que escuta esse papo.

Composição
Você ignora sua própria ignorância
Não é sinal de inteligência nem de saúde adaptar-se a uma sociedade tão doente como a atual. Então, por que você se esforça tanto para ser aceito? Porque foi programado para isso. A escola que você frequentou não o educou, só o condicionou. Disse-lhe exatamente como devia pensar e se comportar para se adaptar à ordem social estabelecida. Movidos por suas melhores intenções, seus pais lhe ensinaram a se comportar direito e a ser normal. Por que diabos você acha que transita pela larga avenida através da qual circula o resto das pessoas? Por acaso não se levanta todas as manhãs sem saber por que diabos está aqui? Você anda pela vida ignorando que ignora sua própria ignorância. E essa é a raiz de todos os seus demais problemas. Você não sabe como funciona nem do que necessita para parar de sofrer. Mas tem tanto medo de mudar que evita conhecer a si mesmo. Talvez até, em algum momento da vida, tenha ridicularizado aqueles que leem livros de autoajuda, ou demonizado quem faz cursos de desenvolvimento pessoal. O desconhecimento é um déficit de autoconhecimento, que é o processo que transforma sua ignorância em sabedoria. Saber quem você é de verdade é a experiência mais revolucionária que existe. É assim que você descobre que tudo

de que necessita para ser feliz está dentro de si mesmo, e se torna seu próprio refúgio.

Tratamento
Não há nenhum monstro dentro de você
Você tem medo de se conhecer porque intui que não vai gostar do que encontrar dentro de si. Eu garanto que não há nenhum monstro ali. Ninguém vai devorar você. Também não há nenhum abismo onde cair. Mas o primeiro passo no caminho do autoconhecimento é o mais difícil e doloroso. Consiste em confrontar a si mesmo. E é quando surge a vertigem. Você entra em contato com seu ego, sua personalidade pré-fabricada, sua máscara e seu personagem, seu disfarce de segunda mão, seu falso conceito de identidade. E se resistir ao primeiro golpe, vem um segundo, ainda mais doloroso. Conforme vai se aprofundando, começa a sentir o mal-estar que andou reprimindo e encobrindo ao longo da vida. E ao olhar de frente para aquilo que repudia e condena em si mesmo, é invadido por emoções como a tristeza, o medo ou a ira. Mas, estando comprometido de verdade, finalmente você se permite entrar em contato com seu vazio existencial. Por mais incômodo que pareça no início, trata-se de uma cortina de fumaça. Na realidade, é a porta que o conduz à sua verdadeira essência. Aí reside o bem-estar que você anda neuroticamente buscando fora. Durante três meses, invista tempo para se observar, escutar-se e se conhecer. Quem sabe você se anima a fazer um curso de eneagrama; é o melhor manual de instruções da condição humana que eu conheço.

Efeitos terapêuticos
Faça a viagem mais apaixonante da vida

Não estou incentivando o consumo de erva, mas você tem que saber que quando conhece a si mesmo e se reconecta com sua essência, sente-se feliz de verdade e em paz. De repente nota que tudo está bem e não lhe falta nada. Quando foi a última vez que se sentiu assim? O autoconhecimento provoca um clique em sua consciência. Nada torna a ser como antes. Desenvolver essa qualidade causa os seguintes efeitos terapêuticos (e ao mesmo tempo erradica a ignorância e o desconhecimento que o mantêm ancorado ao sofrimento):

- Aumento da motivação para ler livros, ouvir palestras e fazer cursos que lhe mostrem o caminho para se transformar na melhor versão de si mesmo;
- Maior habilidade para diferenciar seu ego e sua essência, identificando a raiz de seus problemas, conflitos e perturbações;
- Mais compreensão acerca das motivações ocultas por trás de suas condutas e atitudes, mudando completamente a forma como trata a si mesmo;
- Capacidade de compreender o funcionamento de sua mente, aprendendo a lidar com seus pensamentos de forma inteligente;
- Facilidade para regular suas emoções sem dramatizar nem se autocompadecer, reconciliando-se consigo mesmo;
- Força para curar sua autoestima, cultivando suas qualidades, virtudes e capacidades inatas;

- Ataques temporários de confiança, nos quais perderá completamente o medo de mergulhar nas profundezas da sua alma.

É muito mais importante conhecermos a nós mesmos a deixar que os outros nos conheçam.

Sêneca

4. Consciência
Para os que vivem adormecidos e não percebem que não percebem

Considerações médicas
Você está embaixo do chuveiro, mas não toma banho
Lamento dizer, mas você parece mais um sonâmbulo do que uma pessoa acordada. Pode ser que não ronque de dia, mas vive completamente adormecido. E, se não acredita em mim, vai comprovar agora mesmo. Pense em como você toma banho todas as manhãs. Quantas vezes toma banho enquanto está no chuveiro? Quero dizer, quantas vezes está debaixo da água quente — um luxo do qual menos da metade da população mundial desfruta — realmente tomando banho, sentindo a água, valorizando e desfrutando esse *grande momento* do cotidiano? Não muitas; estou enganado? Enquanto a água quente desliza pelo seu corpo você costuma pensar que seu chefe é um desgraçado que o obriga a trabalhar até tarde. Ou que sua sogra é chata porque não para de ligar para o seu celular lhe pedindo que vá almoçar com ela aos domingos. Seu chefe e sua sogra tomam banho com você! A verdade nua e crua é que você nunca está no chuveiro enquanto toma banho. Está sempre em sua mente e em seus pensamentos, divagando entre o passado

e o futuro. Você vive entre o lá e o então (ambos ilusórios), marginalizando constantemente o momento presente, que é o único que existe na realidade. Acorde de uma vez. Você vive inconscientemente, funciona no piloto automático e age por inércia. Vivendo assim, como quer que seja sua vida?

Composição
Pare de se embebedar com pequenas doses de cianureto
Seu sofrimento é diretamente proporcional à sua ignorância e inconsciência. A causa de seu mal-estar não tem nada a ver com suas circunstâncias, e sim com a interpretação que você faz dos fatos em si. Mas, dado que você não sabe como ser dono da sua mente, não pode controlar nem escolher o que pensa. E, posto que nem seu pior inimigo pode lhe fazer tanto mal quanto seus próprios pensamentos, você passa o dia perturbando a si mesmo cada vez que pensa que a realidade não o beneficia ou o prejudica diretamente. Além de tudo, com cada perturbação você toma uma dose de cianureto, que lhe causa mal físico e emocional. Pense nas garrafas de veneno que já ingeriu até agora. Talvez, por conta de tantas bebedeiras acumuladas, você se levante todas as manhãs com uma forte ressaca. No entanto, devido à sua inconsciência, nunca questiona o sistema de crenças absurdo e limitador dentro do qual faz interpretações equivocadas da realidade. Por isso tropeça sem parar na mesma pedra, tendo a santa cara de pau de pôr sempre a culpa nela! Esse defeito mostra uma carência de consciência. Ou seja, da capacidade de viver acordado, cultivando o estado de atenção plena, que lhe permite observar a si mesmo e sair

pouco a pouco da teia de aranha mental na qual está preso há anos.

Tratamento
Saia da "Matrix" de uma vez!
Tendo sido doutrinado para buscar o bem-estar, a riqueza e a plenitude fora de si mesmo, você passou a vida toda ligado à "Matrix" e, em consequência, desligado de si mesmo. E por viver alheio ao seu mundo interior, com certeza padece de uma neurose muito sutil, que consiste em acreditar que as interpretações subjetivas e distorcidas que você faz da realidade são *a realidade em si*. Durante três meses, não acredite em nada do que disser a si mesmo. E, caso se sinta perturbado, volte o foco da atenção para dentro e simplesmente pergunte-se: este pensamento me dá ou me tira poder? Experimente fazer um curso de *mindfulness*, ou atenção plena, e aprenda a conquistar seu diálogo interno. O jeito como a vida o trata costuma ser um fiel reflexo de como você trata a si mesmo. A consciência é uma qualidade que se exercita estando presente, vivendo o aqui e agora. Para isso, tome banho enquanto estiver debaixo do chuveiro. Tome o café da manhã enquanto estiver tomando o café da manhã. Dirija enquanto estiver dirigindo. E, quando perceber que não está percebendo, ligue para si mesmo lá do seu interior. Respire mais profundamente e lembre-se de que, se estiver atento e vigilante, poderá observar e modificar seus pensamentos, realizando interpretações da realidade mais sábias e construtivas.

Efeitos terapêuticos

Permita-se escolher sua atitude a cada momento

A consciência é a grande alquimista da sua vida: permite a você se desidentificar de suas ações, pensamentos, emoções, processos psicológicos e estados de ânimo. Enfim, permite que você torne a se conectar com sua verdadeira essência, por meio da qual você adota a atitude de testemunha, podendo observar e tomar distância de tudo aquilo que faz parte de você, mas que, em última instância, não é você. Cultivar a consciência causa os seguintes efeitos terapêuticos (ao mesmo tempo em que erradica a inconsciência que o impede de questionar o falso conceito de identidade com que se caracteriza há anos):

- Maior capacidade para detectar e modificar padrões de pensamento negativos e limitadores;
- Perda de interesse em se lamentar pelo que já aconteceu ou se angustiar pelo que ainda não aconteceu;
- Maior habilidade para perceber sua própria respiração, utilizando-a para se conectar e se arraigar no momento presente;
- Incapacidade de se fixar por muito tempo em um pensamento perturbador ou em uma emoção destrutiva;
- Frequentes episódios de conexão profunda consigo mesmo, nos quais gozará de maior liberdade para escolher sua atitude frente às circunstâncias;
- Momentos temporários de desidentificação com relação ao seu ego, nos quais se dedicará a obser-

var com distância seus processos cognitivos e emocionais;
- Força para conquistar seu diálogo interno, semeando a mente com pensamentos úteis, construtivos e positivos.

Faz parte da cura o desejo de ser curado.

Sêneca

5. Energia
Para os que não cuidam da saúde, os preguiçosos e os viciados em sofá

Considerações médicas
Você está tão cansado que funciona disfuncionalmente
Você faz parte de uma sociedade superneurótica. Passa o dia pensando e fazendo coisas. Repare em seu estado de ânimo quando chega em casa. Está um caco de tanto trabalhar. Por isso, não está com saco para bobagens. E muito menos para dramas familiares! Sua mente está tão embotada que a única coisa que lhe apetece é se sentar na frente da televisão. Mas tentar relaxar desse jeito é como fazer omelete sem ovos, sem queijo e sem frigideira. É impossível! Assistindo à televisão, a única coisa que você consegue é calar temporariamente suas neuroses enquanto escuta as da sociedade. De fato, conectar a mente a uma tela pela qual vão circulando imagens e sons o desconecta ainda mais de si mesmo. E acaba esvaziando seu depósito de energia vital. A qualidade e a quantidade dos pensamentos que você teve durante o dia determina os que terá à noite, em seus sonhos. Por isso você acorda tão cansado de manhã. E, posto que não sabe como recarregar sua própria energia, funciona disfuncionalmente. Não é nenhum acaso o fato de você ser egocêntrico ou

reagir mecanicamente. Nem que lute e entre em conflito contra o que lhe acontece... Você ainda não goza da energia vital necessária para viver de outro jeito.

Composição
Levante a bunda do sofá
Sem energia você vive de forma inconsciente, no piloto automático 24 horas por dia. Além de tudo, tende a ficar mais triste, mais irritado ou mais ansioso. Sem perceber, entra em uma espiral na qual seu jeito de pensar e de agir nunca respeita o processo natural por meio do qual seu corpo regenera sua energia vital. Esse círculo vicioso de desgaste incessante acaba consumindo-o. E até enlouquecendo-o. É quando você pode entrar em depressão, um estado psicológico que surge irremediavelmente quando se esgotam por completo todas as suas reservas de energia vital. Assim como seu celular para de funcionar quando acaba a bateria, quando você esgota suas pilhas fica sem a força e a compreensão necessárias para modificar sua atitude perante a vida. O cansaço físico o faz ficar na preguiça e não permite que você encontre nenhuma motivação para fazer o esforço de tirar a bunda do sofá. E o esgotamento mental o condena à ociosidade. Refiro-me a quando seu estado de ânimo decai porque você não faz na vida aquilo que intui ou sabe que poderia realizar. Tanto a preguiça quanto o ócio mostram um déficit de "energia vital", a bateria que lhe permite funcionar com consciência e sabedoria, rendendo o seu máximo potencial.

Tratamento

Pare de ser um vampiro energético

Por se manter forçosamente na zona de conforto devido ao desgaste e ao desperdício sistemático de energia, o passar do tempo o transformou em um autômato. E não só isso: em um vampiro também! Você se sente tão vazio que inconscientemente fica absorvendo a energia dos outros. Por isso, às vezes sua simples presença incomoda aqueles que o cercam. Você os suga! Durante três meses, descubra como criar energia vital própria. A fonte é abundante e está dentro de você. Saber o que recarrega suas pilhas e o que as gasta é outra forma de conhecer a si mesmo. O desafio é saber se autogerir, respeitando o equilíbrio entre suas horas de atividade e os momentos de descanso e relaxamento. Lembre-se, em todas as manhãs — depois de tomar banho com mais consciência —, de que você é o criador da sua energia vital. Defina uma rotina pessoal, familiar e profissional que lhe permita recarregar suas baterias. Mexa essa bunda! Pratique esportes e exercícios físicos com regularidade. É fundamental suar ou arfar pelo menos trinta minutos por dia. Não importa como, simplesmente transpire e arfe. Procure comer comida, ou seja, alimentos que realmente contenham nutrientes naturais, para se encher de energia. E, por favor, ame-se e pare de andar com pessoas que se queixam e se fazem de vítimas o dia todo. Já bastam seus problemas, não precisa ter que lidar com outros vampiros energéticos.

Efeitos terapêuticos
Motive-se e capacite-se para se livrar de velhos hábitos

Livrar-se de um hábito é foda. Para poder mudá-lo, primeiro você precisa compreendê-lo. Vamos supor que você fume. Por que fuma? Que benefício isso lhe traz? Como o prejudica? Como seria sua vida sem esse hábito adquirido de forma inconsciente? No momento em que você percebe que um hábito lhe tira mais do que lhe dá, está no caminho de transcendê-lo. Mas, para isso, não basta saber a teoria. Precisa dispor de grandes quantidades de energia para passar à prática. Cultivar a energia vital causa os seguintes efeitos terapêuticos (e ao mesmo tempo erradica a preguiça e a desídia):

- Incapacidade para continuar dizendo a si mesmo que não tem tempo de administrar sua energia de forma mais inteligente e sustentável;
- Mais força de vontade para retomar algum esporte e fazer exercícios físicos pelo menos três vezes por semana;
- Perda de interesse em gastar sua energia com discussões tanto infantis quanto estéreis, que já não lhe trazem nada de positivo;
- Mais convicção para modificar e reordenar suas prioridades em relação ao modo como cuida de sua saúde física e cultiva seu bem-estar espiritual;
- Aumento de motivação para questionar o que se come, introduzindo em sua dieta alimentos naturais e ecológicos que não tenham sido pré-fabricados;

Maior habilidade para dedicar mais momentos do seu dia a dia a recarregar suas pilhas e repor suas baterias;

Ataques temporários de sensibilidade, nos quais percebe o que lhe dá energia, encontrando a força necessária para se livrar dos velhos hábitos que a roubam de você.

> Quando comemos mal, os remédios
> não funcionam; quando comemos bem,
> os remédios não são necessários.
>
> Sêneca

6. Silêncio
Para os viciados em barulho, os que não escutam e os que temem a dor

Considerações médicas
Você tem tanto medo do silêncio que se tornou viciado em barulho

Se você se considera uma pessoa normal, que faz coisas normais, com certeza é hiperativo no pior e mais lamentável sentido da palavra. Sua agenda diária transborda de atividades e planos, muitos dos quais você realiza para fugir de si mesmo. Para começar, trabalha umas oito horas por dia. Também consome outras tantas fazendo compras. E quanto a seus momentos de lazer, dedica-os, em grande parte, a sentar-se passivamente na frente de uma tela, seja assistindo à televisão, conversando pelas redes sociais ou navegando na internet. O resto do tempo você passa cercado de gente que, como você, fala sem parar. Já reparou no que acontece quando conversa com outra pessoa? É impossível você não vomitar todos os pensamentos que perambulam como zumbis por sua mente. Você não escuta. E ninguém escuta você. Você chama de "conversa" a sucessão compulsiva de dois monólogos cheios de palavras vazias que não dizem nada. Os etíopes se referem a essa disfunção comunicativa como *mnámnan*, que literalmente quer dizer "blá-blá-blá". Você usa o barulho para evitar se conectar com o insuportável vazio que sente dentro de si. Seu jeito acelerado de se arrastar pela vida evidencia horror que sente em ficar só consigo mesmo, em silêncio e sem fazer nada. Mas não importa quanto fuja, sua dor sempre o acompanhará, aonde quer que vá.

Composição
É impossível preencher seu vazio
Você persegue a felicidade de tal modo que ela se encontra cada vez mais longe. E sua falta de paz interior o transformou em uma pessoa imensamente viciada em prazer, diversão e entretenimento. Porém, por mais obsessivo e compulsivo que seja, jamais preencherá seu vazio com nada que provenha do exterior. Quanto dura a satisfação de comprar bens materiais ou ser bem-sucedido em algo? Muito pouco, não é verdade? Paradoxalmente, quanto mais bem-estar imediato você busca, mais mal-estar encontra a médio e longo prazos. E, assim como um hamster corre em sua roda, você passa o dia chegando atrasado em todos os lugares — acossado pela pressa —, indo para lugar nenhum. A "hiperatividade" o impede de relaxar e curtir a tranquilidade e a quietude. A "gula" o condena a querer cada vez mais daquilo de que na realidade não necessita. E o "ruído mental" o impossibilita de escutar a si mesmo — à sua voz interior —, de forma que você desconhece o caminho que o conduziria novamente ao equilíbrio. Esses três defeitos evidenciam uma carência de silêncio, que é uma qualidade que se desenvolve quando você está sozinho, sem distrações nem estímulos, culti-

vando a capacidade de ser e estar consigo mesmo. Só então compreende que a verdadeira felicidade não tem nenhuma causa externa; ela aparece de forma natural quando você se reconecta com sua essência.

Tratamento
Atreva-se a sentir seu tédio
Você está tão alienado que acha que o tédio é a coisa normal que sente quando está cara a cara consigo mesmo, sem nenhuma atividade para mantê-lo ocupado ou distraído. Pare de mentir para si mesmo. Quando está entediado, na verdade o que acontece é que você está começando a entrar em contato com o desconforto, a dor e o vazio que há dentro de si. E foge porque tem medo de sentir de novo emoções reprimidas há tanto tempo. Obviamente, você faz isso porque não está bem nem em paz consigo mesmo. Quando foi a última vez que parou e se sentou sozinho para saber como se sentia naquele momento? Durante três meses, aproveite cada vez que ficar sozinho para assistir a filmes dramáticos e chorar incontrolavelmente na sala da sua casa. Ponha para fora toda a merda acumulada! É assim que se limpa e purifica as crostas que o separam da sua alma. Ao mesmo tempo, escolha um parque perto da sua casa e comprometa-se a se sentar todos os dias no mesmo banco. Fique sem fazer nada por pelo menos vinte minutos. Se conseguir, uma hora. Conviva com seu tédio. E se a experiência de estar consigo se tornar insuportável, simplesmente respire e observe o que acontece em seu interior. Acolha suas emoções, por mais dolorosas que sejam. E atreva-se a sentir o vazio. Não

tenha medo dele, aceite-o. Ele é uma porta. Do outro lado você espera por si mesmo.

Efeitos terapêuticos

Permita-se cultivar a serenidade e a sobriedade

Você diz a si mesmo que não tem tempo para ficar em silêncio. Ou que fazer nada é uma ação improdutiva, sem sentido. O que está dizendo, na realidade, é que não prioriza suas saúdes física, emocional e espiritual. A prática do silêncio e da inatividade o levará a desenvolver a serenidade e a sobriedade, duas qualidades que lhe permitirão sentir-se bem consigo mesmo sem necessidade de estímulos externos. A meditação é a mãe de todos os remédios. É a cura definitiva. Cultivar o silêncio causa os seguintes efeitos terapêuticos (e ao mesmo tempo erradica o ruído mental, a hiperatividade e a gula que o impedem de escutar e seguir sua própria voz interior):

- Perda de interesse em viver todo dia em atividade, passando a estar cada vez mais presente e a conduzir-se com mais profundidade;
- Motivação para fazer ioga, tai chi, contemplação ou meditação, aprendendo a não fazer nada, respirar e relaxar;
- Frequentes episódios nos quais sente necessidade de voltar ao parque e se sentar no banco para ficar sozinho consigo mesmo;
- Aumento da sensibilidade, o que lhe permite perceber matizes da realidade que antes lhe escapavam ou que dava por óbvios;

- Diminuição do medo de entrar em contato com suas feridas e traumas reprimidos, para aprender a se livrar definitivamente da dor e do sofrimento;
- Maior habilidade para domesticar e silenciar sua mente, escutando cada vez com mais clareza a voz que o inspira a cultivar sua saúde e bem-estar;
- Acessos temporários de conexão profunda, experimentando uma sensação de unidade e plenitude que está além das palavras.

Para saber do que realmente necessitamos,
devemos perguntar ao silêncio.

Sêneca

7. Autoaceitação
Para os que não se amam, se maltratam e exigem ser melhores do que são

Considerações médicas
A verdadeira batalha é travada dentro de você
Por fim chegamos ao cerne da questão: você realmente não se ama. E como vai se amar se não sabe quem é? Desde muito pequeno o fizeram acreditar — dentre muitas outras mentiras — que você tem que se tornar alguém importante para usufruir de um cargo profissional de prestígio e ganhar todo o dinheiro que puder. E, como resultado de ficar sentado passivamente na sala de aula durante oito horas por dia, cinco dias por semana, com o tempo você permitiu que castrassem sua autoestima e mutilassem sua autoconfiança. Hoje em dia, muito poucas pessoas conservam a autenticidade inata com que nasceram. É preciso ter muita inteligência e força interior para não se deixar esmagar por 16 anos de sistema educacional. Eu também me deixei esmagar. Por isso, não vale a pena você se castigar nem perder tempo procurando culpados. Se quiser se permitir alguns minutos de vitimismo, queixe-se por ser vítima do momento histórico no qual lhe coube viver. Você nasceu em uma sociedade que inconscientemente o programou para passar a vida negando

a si mesmo, tentando encaixá-lo em diversos moldes (pessoal, familiar e profissional) determinados por outros. Não interessa se por fora as coisas vão bem. Só se você for quem é, e não outro, é que o conflito consigo mesmo não estará latente dentro de si. Seu adversário é a pessoa que, em tese, você deveria ser.

Composição
Deixe-se em paz de uma vez por todas!
Você se tornou um farsante que mantém a farsa por comodidade e inércia. E também por medo de decepcionar os espectadores. Mas, de tanto usar uma máscara, se esqueceu de quem é. De forma inconsciente, construiu uma personalidade falsa para convencer as pessoas de que é digno do amor e da aprovação delas. Você é um ator, e a sociedade, seu palco. No entanto, quanto mais se identificar com o disfarce, mais se afastará da sua verdadeira essência e, em consequência, mais difícil será conhecer o ser humano que você é de verdade. Por ter se identificado com um personagem pré-fabricado, lá no fundo sente que sua vida foi construída sobre um engano. Como trata a si mesmo? Você se julga, se subvaloriza? Preocupa-se? Se costuma sentir raiva, tristeza ou ansiedade é porque ainda está lutando. A distorção da sua verdadeira essência, a autoexigência e os "maus-tratos mentais" são um déficit de aceitação, que é uma qualidade que se desenvolve à medida que você começa a se deixar em paz e, ao mesmo tempo, para de se forçar a ser alguém que nunca será. Aceitar-se significa compreender por que, e para que, você é como é. Paradoxalmente, ao aceitar seu

lado obscuro, ele se transforma e aflora a luz que há dentro de você.

Tratamento
Você não tem que mudar nem ser uma pessoa melhor
Conhecer a si mesmo não tem nada a ver com ter que mudar ou ser uma pessoa melhor. A finalidade desse processo pedagógico é você se aceitar exatamente como é, com seus defeitos e qualidades, integrando em seu ser a luz e a sombra que coabitam em seu interior. Aceitar-se não quer dizer resignar-se, conformar-se, ser indiferente nem se ancorar no "eu sou assim mesmo". Significa comprometer-se a descobrir qual é a raiz do seu sofrimento. E então, o que você fará para se tornar a melhor versão de si mesmo? Compreendendo os motivos e as motivações que o levaram a ser como é neste exato momento. No instante em que alguma coisa dentro de você faz um clique, você sente um "orgasmo emocional" a partir do qual a visão que tem de si mesmo muda radicalmente. Durante três meses, cada vez que se sentir perturbado, pergunte a si mesmo: "O que é que não estou aceitando?" A resposta lhe mostrará que a origem da perturbação está em sua mente, na interpretação subjetiva e distorcida que está fazendo da realidade. Lembre-se diariamente de que aquilo que você não consegue aceitar é a única causa do seu sofrimento. Mas, no início, você vai se perturbar a cada vez que perceber o que o está perturbando. O jogo consiste em aceitar o fato de que você ainda não sabe se aceitar, e que é essa justamente a aprendizagem mais importante que precisa alcançar na vida.

Efeitos terapêuticos
Livre-se do sofrimento intrapessoal

Todos os processos terapêuticos orientados à cura passam por várias etapas. Primeiro, você confronta suas bostas emocionais. Depois as come. E por fim as digere e as utiliza como adubo para que a semente que há em seu interior floresça. Para se beneficiar da aceitação, você precisa ter desenvolvido a honestidade, a humildade, o autoconhecimento, a consciência, a energia e o silêncio. Cultivar essa qualidade provoca uma série de efeitos terapêuticos (e ao mesmo tempo erradica a distorção da sua verdadeira essência, a autoexigência e os maus-tratos mentais). Ao cultivar sua inteligência intrapessoal, o sofrimento que lhe causa relacionar-se consigo mesmo desaparece.

- Maior habilidade de ter uma percepção de si mesmo muito mais neutra e objetiva, aceitando-se do jeito que é;
- Mais força para ganhar em autonomia pessoal, atrevendo-se a pensar por si mesmo e a se tornar seu próprio referencial;
- Perda de interesse em se flagelar pelos aspectos obscuros que continuam fazendo parte da sua personalidade;
- Ataques temporários de felicidade, nos quais você compreende que é perfeito do jeito que é, porque está em seu processo rumo à perfeição;
- Menor sensação de vergonha cada vez que se olha nos olhos ao espelho para dizer a si mesmo que se ama e se valoriza incondicionalmente;

- Diminuição do uso de construções como "tenho que", "devo", "hei de", abandonando por completo a autoexigência e deixando de perseguir o ideal de como deveria ser;
- Frequentes episódios de ataraxia e impassibilidade, nos quais sente uma certa diluição do ego e, portanto, da necessidade de ser alguém.

Quando há aceitação, não há perturbação.
Quando há perturbação, não há aceitação.

Sêneca

Para estar em paz com os outros

Quando já souber cuidar dos seus próprios assuntos, é fundamental que aprenda a se relacionar sabiamente com os assuntos dos outros. Ou seja, com tudo aquilo que não tem a ver com você — pelo menos não diretamente. Refiro-me aos processos, às situações e às circunstâncias vividas pelas pessoas que fazem parte do seu entorno familiar, social e profissional. Aqui também se incluem as atitudes, os comportamentos e as decisões adotadas e tomadas pelas pessoas com quem você se relaciona.

Não me interessa se você não concorda ou se não lhe agrada o modo como os outros agem. É a vida deles — e se lhe incomoda, problema seu, não deles. Achar que sabe o que é melhor para outra pessoa é se meter em um assunto que não é seu. Você não veio a este mundo para atender às expectativas de ninguém, mas a ignorância e a inconsciência o levam a querer que os outros atendam às suas expectativas acerca de como deveriam ser.

Estando novamente tiranizado por todo tipo de ilusões mentais, quando pensa em certas pessoas com frequência você se sente frustrado, tenso e decepcionado. Principalmente porque elas não se comportaram da maneira como você achava que deviam. Nessas ocasiões, lembre-se de que os assuntos dos outros fazem parte do seu círculo de preocupação. Por mais que tente, não vai conseguir controlar nem mudar nenhum ser humano. E enquanto continuar tentando, continuará sofrendo como resultado.

Aprender a respeitar os assuntos dos outros leva-o, irremediavelmente, a alcançar a maestria na arte de se relacionar com as demais pessoas. Novamente, trata-se de cultivar uma mudança de atitude, começando a interagir com os outros sem se indignar, mas também não se mostrando indiferente. O desafio é muito mais profundo: consiste em aprender a aceitar incondicionalmente os outros como são, com suas luzes e suas sombras. Você vai ver que, à medida que dedicar mais tempo para compreendê-los, lentamente irá deixar de interferir e julgar seus processos de aprendizagem e evolução. E ao fazer isso, obterá a paz como resultado. Ou seja, zero por cento de reatividade ao se relacionar com os outros, transcendendo seu instinto de sobrevivência emocional.

A seguir, detalho os sete princípios ativos que Sêneca ensinava para cultivar a "inteligência interpessoal", aquela que lhe permite melhorar a relação que você mantém com as outras pessoas. Se você comprometer-se a ir treinando essas qualidades e forças espirituais, descobrirá que sua rede de relacionamentos não é nada mais que um jogo de espelhos e projeções. Embora em um primeiro momento seja difícil de interiorizar, na realidade as relações são o *palco* em que constantemente você vê refletidos diferentes aspectos do seu ser. Você não vê as pessoas como elas são, e sim como *você é*. Note que os outros costumam tratá-lo do jeito que *você* trata *a si mesmo*. É fundamental que compreenda essa questão. Por isso usei o itálico.

8. Responsabilidade
Para os que se fazem de vítimas e temem assumir as rédeas da própria vida

Considerações médicas
Do que você está reclamando?
Você faz parte de uma sociedade tão infantil que o tipo de educação contemporâneo continua sendo muito paternalista. Baseia-se na suposição de que os adultos são os que sabem. Por isso, atrevem-se a lhe fazer só um determinado tipo de pergunta e a ter a audácia de lhe dizer quais são as respostas. O objetivo das escolas não é que você se conheça para desenvolver seu potencial e se tornar quem realmente é. A finalidade é transformá-lo em um substituto de si mesmo para poder se adaptar e prosperar na sociedade atual, doente de infelicidade. Não é de se estranhar que você seja mal-educado. Se houvesse sido educado de verdade, não estaria lendo este livro. Não precisaria dele. Teria aprendido isso na escola! Desde que nasceu, você foi condicionado e programado à imagem e semelhança do seu entorno familiar. Com muito boas intenções, claro. E também fabricado e moldado à semelhança da ordem social estabelecida. Assim, se tornou mais uma engrenagem dessa grande linha de montagem que é o sistema econômico contemporâneo.

Esse foi seu ponto de partida. E você continua vivo. Então, do que está reclamando? Seus pais também passaram pelo mesmo processo de doutrinação, à época com certeza muito mais rígido e severo que o seu. Pense nisso da próxima vez que decidir se fazer de vítima e culpá-los de alguma coisa.

Composição
Você é vítima do seu vitimismo

Viaje um pouco até sua infância. Quando você ainda era uma criança inocente, um dia trombou com uma mesa e caiu ao chão. E, devido à dor provocada pela pancada, começou a chorar como um bezerro desmamado. Seu pranto chamou a *atenção* de sua mãe, que correu para *lhe atender*, sentindo-se muito mal por vê-lo sofrer. E para parar de se sentir assim, ela decidiu dar-lhe uma droga que o aliviasse: a culpa. Embora a mesa seja um objeto inerte, carente de vontade e livre arbítrio, de repente sua mãe começou a gritar: "Mesa malvada! Mesa malvada!" Curiosamente, as acusações dela o deixaram mais tranquilo. E logo você começou a imitá-la, culpando a mesa pela pancada e por sua dor. Sem perceber, permitiu que ela o transformasse em uma vítima. Mas não a culpe. Nem culpe a si mesmo. Nem sua mãe nem você sabiam fazer melhor. O paternalismo, o vitimismo e a culpa estão totalmente relacionados e evidenciam uma carência de responsabilidade. Não confunda essa qualidade com nenhum tipo de imposição ou obrigação moral. Ela surge como consequência de um crescimento em termos de compreensão, consciência e sabedoria. A responsabilidade é a habilidade de responder de forma voluntária às coisas que acontecem na vida. Tão simples e ao mesmo tempo tão complicado, não é verdade?

Tratamento
Coma sua parte do bolo
Ninguém nunca lhe apontou uma pistola na cabeça para que tomasse as decisões que foi tomando. Essa é a única liberdade que você sempre teve e é, paradoxalmente, a que menos utilizou. De tanto praticar o vitimismo, sua responsabilidade está muito pouco treinada. Principalmente porque só de pensar nela você já morre de medo. Sabe perfeitamente que ser responsável implica responder por si mesmo, assumir que você é cocriador e corresponsável por suas circunstâncias físicas, emocionais e econômicas. Durante três meses, observe sua tendência a se fazer vítima dos acontecimentos da sua vida. Com certeza isso se tornou um hábito. Você pode se permitir um chilique de vez em quando, mas aprenda a se responsabilizar pelas causas do tipo de situações que o perturbam: suas próprias decisões.

- O trânsito está congestionado e você está atrasado para o trabalho? *Por que não saiu mais cedo?*
- Seu filho adolescente só faz o que lhe dá na telha? *Deveria ter pensado nisso antes de se comprometer com a incrível viagem espiritual que é ser pai.*
- Você foi despedido e não sabe como pagar seus financiamentos? *Não deveria ter delegado seu bem-estar econômico a uma empresa ou um banco que não estão nem aí para você.*

Embora o bebê que você continua sendo reclame, é hora de crescer.

Efeitos terapêuticos
Permita-se tomar as rédeas da sua vida
A responsabilidade não agrada no início. É muito doloroso reconhecer e assumir a quantidade de erros que você cometeu ao longo da vida. Mas só se você se responsabilizar poderá aprender com eles e evoluir como ser humano. Ao amadurecer emocionalmente, se sentirá capaz de tomar as rédeas da sua vida. E só então abandonará para sempre qualquer atitude vitimista. Será quando crescerá. Cultivar a responsabilidade provoca os seguintes efeitos terapêuticos (e ao mesmo tempo erradica o paternalismo, o vitimismo e a culpa):

- Diminuição do medo de se responsabilizar por seus conflitos emocionais e resolver sozinho seus problemas financeiros;
- Maior habilidade para responder de forma construtiva e eficiente aos diferentes estímulos que você recebe a cada dia;
- Incapacidade de se fazer de vítima cada vez que sente dor ao trombar na vida ou em outras pessoas, assumindo sua parte de responsabilidade pelas trombadas;
- Aumento de motivação para tomar suas próprias decisões vitais e ser consequente com elas;
- Perda de interesse em se queixar, reclamar ou se indignar com a maneira como a sociedade se organiza atualmente;

- Força para ser a mudança que você quer ver no mundo, mudando aquilo que pode mudar;
- Acessos temporários de uma sensação de poder incomensurável, sentindo-se capaz de definir seu próprio estilo de vida.

> Poucos de nós acertam antes de errar. Sem erros a aprendizagem não é possível.
>
> Sêneca

9. Proatividade
Para os que não são donos de si mesmos e são escravos de suas reações emocionais

Considerações médicas
Você é uma marionete nas mãos das circunstâncias
Você não só vive dormindo, como também parece uma marionete. Às vezes, enquanto não toma banho quando está no chuveiro, de repente a água começa a sair fria. E, dado que você está absorto em seus pensamentos, reage mecanicamente, tomando uma nova dose matinal de cianureto. Fica se queixando, indignado. Algumas vezes até amaldiçoa a empresa de abastecimento de água! Eu me pergunto quantas vezes você valoriza e agradece pelo fato de poder tomar um banho quente todos os dias... Em outras ocasiões, a caminho do trabalho, não dirige enquanto está atrás do volante. Como de costume, está pensando em outras coisas. E, subitamente, o carro da frente freia. Novamente, você reage de forma automática, tomando outra dose de cianureto. Movido por sua perturbação, toca a buzina com força e grita com veemência para o outro condutor. Minutos depois, continua amaldiçoando internamente seu *agressor*. E quando chega ao escritório, vai ligar o computador, mas ele não funciona. Então, sua reatividade dispara de novo, e você ingere uma

terceira dose de cianureto. A partir daí, pensa que está tendo um dia péssimo, justificando seu humor de cão. Como não vai ser uma vítima se o mundo o trata tão *injustamente*? Sim, estou sendo irônico.

Composição
Você é escravo das suas reações emocionais
Você é escravo das circunstâncias porque é escravo das suas reações emocionais. Especificamente, está preso ao seu instinto de sobrevivência, que funciona de forma impulsiva: ativa-se automaticamente cada vez que você se sente ameaçado pelo entorno. Mas, dado que você não vive na selva e sua vida não corre perigo constante, esse mecanismo de defesa lhe tira muito mais do que lhe dá. E agora se apoderou de você por meio da suscetibilidade, levando-o a julgar tudo que acontece como algo pessoal. É como se cada comentário ou situação cotidiana tivesse a ver com você. Às vezes até parece que o universo se juntou contra você. Temendo que a realidade o machuque outra vez, você também vive na defensiva, protegido por uma couraça que o leva a ser hiper-reativo. A suscetibilidade, o viver na defensiva e a reatividade são três sintomas que evidenciam um déficit de proatividade, qualidade que lhe permite escolher de forma consciente, responsável e livre a atitude com que enfrentar suas circunstâncias, e parar de ficar à mercê delas. É verdade que você passou muitos anos acreditando que estará em paz quando as coisas derem certo. Mas, treinando a proatividade, perceberá que as coisas começarão a dar certo justo no instante em que aprender a se sentir em paz.

Tratamento

Estabeleça um diálogo construtivo com seu carcereiro

Você quer mudar suas circunstâncias porque não sabe se relacionar com elas sem se perturbar. E quanto mais se perturba, mais as quer mudar. Esse círculo vicioso o submete a uma espécie de prisão psicológica: você está nas mãos do seu carcereiro, mais conhecido como ego. Guiado por essa vozinha, vive permanentemente em seu círculo de preocupação, tentando controlar e mudar justamente aquilo que jamais vai controlar nem mudar. Por isso, passa a vida sofrendo. Quanto mais reage frente às circunstâncias, mais mal faz a si mesmo, como se ingerisse pequenas doses de cianureto. E quanto mais dor acumula dentro de si, mais necessidade sente de se proteger através do seu instinto de sobrevivência emocional. Durante três meses, se ainda não se comprometeu, comprometa-se a entender a raiz do seu egocentrismo e sua reatividade. Desse modo, estará a caminho de se tornar uma pessoa proativa. Entre o estímulo e sua reação existe um espaço — bem pequenininho, mas existe — no qual você pode escolher sua resposta. Para isso, tem que viver de forma consciente e estar atento ao seu círculo de influência. Quando for capaz de andar pela vida observando sua própria mente, poderá escolher a forma de interpretar o que acontece — e, portanto, aquilo que sente dentro de si. Aí reside sua verdadeira liberdade.

Efeitos terapêuticos
Permita-se ser dono de si mesmo
Ao transcender sua reatividade, você se transforma em capitão do seu navio e dono do seu destino. A proatividade lhe permite ser senhor da sua mente, gozar de um sólido domínio de si mesmo. Também o ajuda a não mais se identificar com seus pensamentos. É assim que você para de se pôr na posição de vítima desamparada frente às circunstâncias e começa a adotar uma postura de protagonista. Cultivar a proatividade provoca uma série de efeitos terapêuticos (e ao mesmo tempo erradica a reatividade, a suscetibilidade e o hábito de viver na defensiva):

- Frequentes episódios de lucidez, nos quais você compreende que seu mal-estar não tem nada a ver com o que acontece, e sim com sua interpretação do que ocorre;
- Diminuição do medo de observar seus pensamentos, armando-se de paciência para aprender a controlar sua mente;
- Maior habilidade para não reagir às atitudes, condutas e decisões que não o favorecem ou que o prejudicam diretamente;
- Acessos temporários de autodomínio, nos quais você sabe escolher a melhor resposta para enfrentar pessoas complicadas e situações adversas;
- Perda de interesse em querer mudar o que não pode modificar (a realidade) e mais motivação para modificar o que pode mudar: sua atitude perante a realidade;

- Maior capacidade de ver a vida como uma partida de xadrez, sabendo as consequências que suas ações podem ter sobre as reações dos outros;
- Mais força de vontade para passar à ação, comprometendo-se a ver seus problemas como oportunidades de aprendizagem, nas quais poderá exercitar o músculo da proatividade.

> Não podemos controlar o mar, mas podemos comandar nosso barco.
>
> SÊNECA

10. Compaixão
Para os que julgam os outros porque não dedicam tempo a compreendê-los

Considerações médicas
Você só vê a si mesmo
Você está infectado por um vírus tão imperceptível quanto letal: o egocentrismo. Vive como se fosse o centro do universo; tudo tem que girar ao seu redor. Desde muito bebê se acostumou que o mundo e todos que o habitam atendessem às suas necessidades a todo momento. Movido por seu instinto de sobrevivência emocional, orientou sua vida a saciar somente seu próprio interesse. Eu, mim, me, meu, comigo... Isso lhe parece familiar? Repare em sua tendência a querer que as coisas aconteçam do seu jeito e a esperar que os outros se adaptem constantemente a seus desejos e expectativas. Mas, dado que a realidade não está nem aí para o que você quer, cedo ou tarde você começa a se sentir muito frustrado ao ver que quase nada sai como havia planejado. Talvez algumas vezes, vítima do seu egocentrismo, você tenha gritado olhando para o céu: "Por que eu?" E então, cego por sua dor, começou a julgar as pessoas, criticando-as e menosprezando-as por serem tão egoístas, por pensarem mais nelas que em você. Pare de projetar suas bostas emocionais

nos outros! Não são eles o problema. Obviamente todos têm seus problemas para resolver, mas a causa dos seus conflitos de relacionamento é você mesmo. Está tão estufado de si mesmo que não vê mais ninguém.

Composição
Você é seu próprio juiz e carrasco
Ficar irritado consome muita energia vital; é cansativo demais. Às vezes você não se farta de si mesmo? Que coisa chata essa voz que não se cansa nunca, o dia todo enchendo o saco! É seu ego, o carcereiro, que o envenena com suas palavras, tão cheias de medo, ódio e frustração. Paradoxalmente, cada vez que você aponta um dedo acusador para outra pessoa, o que faz na verdade é julgar, repudiar e condenar a si mesmo. O que faz aos outros, faz a si mesmo. Quando julga o próximo, não deixa espaço para compreendê-lo. O julgamento, o repúdio e a condenação são um déficit de compaixão, qualidade que não tem nada a ver com sentir dó ou pena. Nem quer dizer compadecer-se dos outros, sofrendo pelo sofrimento deles. A verdadeira compaixão consiste em compreender as razões e motivações que levam as pessoas a agir como agem. Todo mundo trava uma batalha interna, da qual você não faz nem ideia. Quem sabe a quantidade de dor e sofrimento que carrega consigo cada indivíduo que cruza seu caminho? Em vez de julgar as pessoas com quem você luta ou entra em conflito, essa força espiritual lhe permite começar a aceitá-las, interagindo com elas com empatia, respeito e muita paciência.

TRATAMENTO
Identifique seus mestres espirituais
Existe alguém que você não suporta? Alguém que só de ver, você já fica de mau humor? Se sim, dou-lhe as boas-vindas em nome de toda a raça humana. Você acaba de identificar um dos seus mestres espirituais. Refiro-me àquelas pessoas cuja presença e comportamento fazem com que você se perturbe. Sendo incapaz de aceitá-las como são, é quase impossível para você não julgá-las ou entrar em conflito com elas. Durante três meses, dedique tempo e espaço a detectar o que exatamente o incomoda em seus mestres. Faça uma lista de perturbações. Comece cada frase escrevendo "Ele me perturba" ou "Não aceito...". Uma vez que saiba que aspectos dessa pessoa, especificamente, despertam sua reatividade — trazendo à tona o pior de si —, interesse-se de fato por saber por que seu mestre é como é. Investigue sua história. Conheça seu entorno social e familiar. Procure compreender o sofrimento que é fonte da sua atitude egocêntrica e do seu comportamento tóxico. Paradoxalmente, quanto mais luz você puser no drama do outro, mais iluminará o seu. Os mestres espirituais são espelhos nos quais você pode ver refletidos seus conflitos internos, esses dos quais nem sequer tem consciência. De fato, o caminho que o conduz a compreender os outros acaba levando-o ao seu verdadeiro destino: compreender a si mesmo.

Efeitos terapêuticos

Permita-se compreender por que as pessoas são como são

A compaixão o faz ver as pessoas por meio de raios X emocionais, discernindo o grau de bem-estar ou mal-estar que jaz por trás das ações de cada um. Já não lhe interessa se a conduta deles é boa ou ruim. Graças a Deus, a compaixão o libera da moral. Não é questão de ser uma boa pessoa, e sim de aprender a ser feliz. Principalmente porque sua felicidade é o germe da verdadeira compaixão. Ela o inspira a dar o melhor de si a cada pessoa e em cada situação, sendo um exemplo de aceitação, serenidade e gentileza em seu entorno. Cultivar a compaixão provoca uma série de efeitos terapêuticos (e ao mesmo tempo erradica o julgamento, o repúdio e a condenação):

- Diminuição da reatividade, do conflito e da perturbação ao interagir com seus mestres espirituais;
- Incapacidade para continuar julgando outras pessoas, dedicando mais tempo e energia para tentar compreender a si mesmo ao se relacionar com elas;
- Menos motivação para autocompaixão, desenvolvendo a paciência necessária para aceitar e respeitar seu próprio processo;
- Frequentes episódios nos quais você se interessa e escuta empaticamente os outros, trocando conselhos por perguntas;
- Força para amar os outros quando eles aparentemente menos merecem, sabendo que, na realidade, esse é o momento em que mais necessitam disso;

- Perda de interesse em compartilhar com outras pessoas seu processo de desenvolvimento pessoal — só falará dele quando lhe perguntarem com genuíno interesse;
- Maior convicção para orientar sua existência para o bem comum, sendo você a mudança que quer ver em suas relações.

> Por acaso somos perfeitos? Por que, então,
> exigimos perfeição nos outros?
>
> SÊNECA

11. Perdão
Para os que guardam rancor, culpam os outros ou a si mesmos

Considerações médicas
Você carrega um sobrepeso de ressentimento
Ao longo da vida você tomou tantos porres de cianureto que talvez agora esteja padecendo de uma severa ressaca. Pense em todos os chiliques que deu durante a infância, em todos os faniquitos que teve na adolescência. Isso sem falar em todos os conflitos que vem arrastando desde que entrou na idade adulta. Você mente para si mesmo, dizendo que o tempo cura tudo. Mas a verdade é que cada perturbação deixou uma sequela emocional dentro de você. Não importa há quantos anos você venha olhando para o outro lado, sua verdadeira essência está sepultada sob uma crosta de dor. E, devido à sua incapacidade de assumir sua parte da responsabilidade cada vez que vai de encontro a outra pessoa, tende a culpar sempre os outros por seu sofrimento. Também lhes guarda rancor, chegando inclusive a abrigar sentimentos de ódio e vingança. Cada vez que se queixa, você culpa. Cada vez que se decepciona, culpa. Cada vez que se faz de vítima, culpa. Cada vez que se frustra, culpa. Cada vez que julga, culpa... Mas, sejamos justos, você também culpa

a si mesmo pelo mal que acredita que fez a outras pessoas. O paradoxo é que, de tanto preservar sua inocência para se sentir uma boa pessoa, no processo ficou preso entre culpar a si mesmo e aos outros.

Composição
Nunca ninguém lhe fez mal
A dor reprimida em suas entranhas o transformou em uma pessoa suscetível e beligerante. Suas interpretações egocêntricas, ligadas às suas reações emocionais, são o que o leva a sofrer e entrar em conflito com os outros. E, devido à sua atitude vitimista, você continua não entendendo que a causa do seu sofrimento não tem a ver com o estímulo, e sim com sua reação a ele. Na realidade, só você é capaz de perturbar a si mesmo. Você foi, é, e sempre será a causa do seu sofrimento. Os outros podem matá-lo fisicamente, mas no plano espiritual só você tem o poder de se fazer mal. Apesar de acontecer em sua própria mente, essa guerra ilusória lhe provoca uma série de pesos emocionais, como a culpa, o rancor, o ressentimento, o ódio, o castigo e o desejo de vingança. Essas emoções são o resultado de uma interpretação excessivamente subjetiva e distorcida de alguns fatos do passado. No entanto, elas condicionam sua rede de relações no presente, impedindo-o de avançar rumo ao futuro. E evidenciam um déficit de perdão. O perdão se desenvolve conforme você se liberta da dor que causou a si mesmo por não saber *se relacionar* com as pessoas de forma mais proativa, construtiva e harmoniosa.

Tratamento
Assim como você, o resto do mundo faz o melhor que pode
É verdade que você cometeu muitos erros ao longo da vida. De fato, muitas das suas decisões e ações fizeram com que algumas pessoas perturbassem a si mesmas. Algumas beberam garrafas de cianureto brindando-as a você. E, ao acreditar que os outros são culpados pelo seu sofrimento, você se culpa pelo que acha que causou a eles. Para poder se perdoar, precisa compreender e assumir parte da responsabilidade. E ela começa e termina no estímulo que você emitiu; deixe que o outro se responsabilize pelas consequências derivadas do modo como reagiu à situação. Se o conflito surgiu por causa de uma discussão, você pode se desculpar pelo que disse e pelo tom de voz que utilizou. Mas não deve se sentir culpado pelo que a outra pessoa sentiu a respeito. Ela foi a causa do seu próprio sofrimento, não você. A interpretação egocêntrica dela, ligada a uma dada reação emocional, foi o que, em última instância, a perturbou. A dor já estava ali em forma de suscetibilidade ou atitude defensiva. Quando você aprende a perdoar a si mesmo, está preparado para perdoar os outros. No seu íntimo, claro. Jamais verbalmente — isso seria um ato infantil, grosseiro, arrogante e condescendente. Durante três meses, analise seu passado e, onde houver culpa ou rancor, adicione compreensão para curar por meio do perdão.

Efeitos terapêuticos
Ajude-se a soltar pesos excessivos

A culpa é uma invenção muito útil para mantê-lo espiritualmente controlado. Leva-o a depender do perdão alheio para se redimir e purificar sua alma. Felizmente, você não precisa mais de nenhum intermediário. O verdadeiro perdão parte da compreensão de que, em um plano mais profundo, não é necessário perdoar nem a si nem aos outros. Como seria necessário, se você sempre faz o melhor que pode, nunca fez mal a ninguém e tem direito de cometer erros através dos quais aprende e evolui como ser humano? Cultivar o perdão provoca uma série de efeitos terapêuticos (e ao mesmo tempo erradica a culpa, o rancor, o ressentimento, o ódio, o castigo e o desejo de vingança):

- Convicção para eliminar a palavra *culpa* do seu vocabulário, substituindo-a por *responsabilidade* — soltando, assim, seus pesos emocionais;
- Frequentes episódios nos quais você compreende que as pessoas mais egocêntricas e conflituosas são as que mais sofrem;
- Incapacidade para continuar culpando os outros pelo sofrimento que você causa a si mesmo, liberando-o definitivamente do rancor;
- Perda de interesse em se culpar pelos erros cometidos no passado;
- Força para pedir desculpas cada vez que um de seus erros fizer com que outra pessoa perturbe a si mesma;

- Acessos temporários de lucidez, nos quais interioriza que não existe maldade, apenas um excesso de dor, medo e ignorância que leva as pessoas a mostrarem o pior de si mesmas;
- Maior facilidade para não se perturbar ao lidar com os processos emocionais vividos pelo resto das pessoas.

> A ira é frequentemente mais nociva do que a injúria que a provocou.
>
> SÊNECA

12. Desapego
Para os que continuam dependendo de seu entorno social e buscam a felicidade nos outros

Considerações médicas

Você continua dependendo do papai e da mamãe

Se você for como a maioria dos adultos, com certeza continua dependendo do papai e da mamãe. E não é para menos. Quando bebê, passou muitas horas agarrado ao peito da sua mãe. Limparam sua bunda algumas vezes por dia durante anos. E também lhe cantaram centenas de cantigas de ninar para que você dormisse de uma vez por todas. Durante sua adolescência, seus pais lhe disseram o que podia ou não fazer, impondo a você os limites e limitações deles próprios. Projetaram em você seu modo de entender a vida, infundindo (sem querer) seus próprios medos, complexos e frustrações em sua personalidade. Porque você não recebeu uma verdadeira educação, como adulto é difícil para você valer-se por si mesmo: não sabe pensar de forma autônoma e é incapaz de ser emocionalmente autossuficiente. E assim, acabou fazendo o que supunha que precisava fazer para contentar seu entorno social e familiar. No processo, se tornou um dependente emocional, completamente viciado na aprovação dos outros. Fez cada coisa para que seus conhecidos pensassem bem de você! E pior ainda: há cada coisa que deixou de fazer pelo mesmo maldito motivo! Por que estudou o que estudou? A quem tentava contentar com suas decisões? Realmente teve os colhões de ser corajoso e verdadeiro para seguir seu próprio caminho na vida?

Composição
Pare de esperar que os outros o façam feliz
Os relacionamentos que você mantém com as pessoas que mais ama e que mais lhe importam são protagonizados por um obscuro paradoxo: estão marcados pela luta, o conflito e o sofrimento. Você tem tanto medo de perdê-las que para proteger o que acha que é seu, aparecem o ciúme, o controle e o desejo de posse. Por trás desses desejos e medos relacionados aos seus vínculos afetivos se esconde um dos vírus mais letais que atentam contra sua saúde emocional: o apego. Esse defeito poderia ser definido como o desejo de controlar e possuir aquilo que você quer que seja seu e de ninguém mais. Estar apegado a alguém ou a algo também implica acreditar que *aquilo* que lhe pertence é imprescindível para a sua felicidade. No entanto, provoca o efeito contrário em você. Mais que uni-lo, o apego o separa daquilo a que você está apegado, minando sua independência e liberdade. O apego, o ciúme, o controle e o desejo de posse são sintomas que evidenciam um déficit de desapego, qualidade que não quer dizer desinteresse pelas pessoas ou indiferença ao que acontece com elas. O desapego consiste em se relacionar com os outros sem se perder nesse relacionamento,

preservando a felicidade e a paz que residem em você. Você não é uma meia laranja, sem seus gomos, dependente da outra metade. Você é uma laranja completa. Desenvolver o desapego lhe permite se sentir assim. E produzir sucos espetaculares!

Tratamento
Corte o cordão umbilical com a sociedade
Talvez você já não viva com sua família de origem, mas ainda não se emancipou deles, continua dependendo da segurança que seu pai lhe dava. Por isso é tão dependente financeiramente do Papai Estado e da Mamãe Empresa. Só mudou o valor da mesada. Em momento algum pensou que poderia resolver sozinho seus problemas profissionais e financeiros. Dá por certo que os outros é que têm que solucioná-los. Por outro lado, continua dependendo do afeto que sua mãe lhe dava. Por isso espera que os outros o façam se sentir aceito e querido. Se reparar bem, o padrão de dependência continua o mesmo. Para que mude, é imprescindível que você redefina seu conceito de felicidade. O dia do seu casamento? Mas o que está dizendo?! Você estava angustiado sob o olhar de toda essa gente! O dia em que seu primeiro filho nasceu? Ah, vá! Você tremia feito um pudim e estava esgotado de tão nervoso! A verdadeira felicidade não tem nenhuma causa externa. Está dentro de você. E o mesmo acontece com a valorização, a segurança ou a serenidade que você continua perseguindo no exterior. Durante três meses, faça um curso de Constelações Familiares e aprenda a cortar o cordão umbilical com seus pais. Tome decisões seguindo sua voz

interior, sem se importar com o que pensam os egos do seu entorno social e familiar. É assim que você dará seu primeiro passo para se emancipar da sociedade.

Efeitos terapêuticos
Ajude-se a se emancipar emocionalmente
O verdadeiro desapego surge quando você compreende que ninguém faz ninguém feliz. Assim como quando você tira alguma obstrução dos olhos a sua visão melhora, quando tira as obstruções da mente a felicidade se amplia. Ela já está ali dentro, no fundo, à direita! Por outro lado, você quer ser livre? Aprenda a não esperar nada de ninguém nem a desejar que aconteça nada diferente do que o que acontece a cada momento. Cultivar o desapego provoca uma série de efeitos terapêuticos (e ao mesmo tempo erradica o apego, o ciúme, o controle e o desejo de posse):

- Maior habilidade para relativizar as circunstâncias, percebendo que nada do que acontece justifica a perda da sua paz interior;
- Mais sensibilidade para diferenciar os assuntos dos outros dos seus próprios assuntos, deixando de sofrer pela dor alheia;
- Diminuição do medo de perder o que você tem, entendendo que a posse é uma ilusão psicológica, pois nada nem ninguém lhe pertence;
- Força para se emancipar emocionalmente do seu entorno, cortando o cordão umbilical que o atava à aprovação dos pais;

- Incapacidade de continuar se apegando a pessoas, posses ou crenças, entendendo que nada é permanente e tudo está em constante processo de mudança;
- Perda de interesse em se indignar com o modo como funciona o sistema, compreendendo que, quanto mais protestar contra as instituições estabelecidas, mais poder e autoridade estará lhes conferindo para que se perpetuem como intermediários entre sua responsabilidade e você mesmo;
- Ataques temporários de conexão, nos quais, ao abrir mão de todas as suas expectativas, vê emergir uma paz profunda do seu interior.

Não há nada eterno e poucas coisas duradouras.
Tudo que teve um início há de ter fim.

SÊNECA

13. Assertividade
Para os que são agressivos
ou se escondem passivamente
com medo de se mostrar

Considerações médicas

Você não se entende com as pessoas ao falar com elas
A vida é breve. A linguagem que você utiliza para se comunicar com os outros é composta por uma série de letras, palavras, símbolos, números e ideogramas que em si mesmos não significam nada. Sua mente os traduz e interpreta com base em um determinado sistema de crenças. Mas, ao fazê-lo, distorce subjetivamente seu verdadeiro significado. É um milagre que, falando, você se entenda com outra pessoa. Uma coisa é a intenção com que se comunica com as pessoas. Outra, a forma como expressa o que quer dizer. E, por fim, há a maneira como seu interlocutor interpreta o que você disse. Em muitas ocasiões, essa interpretação não tem nada a ver com sua intenção. E então, dá-se um mal-entendido, do qual pode aflorar o conflito em forma de repressão ou agressividade. Ao ativar seu instinto de sobrevivência emocional, às vezes você fica prisioneiro das emoções, que o impedem de falar de um jeito tranquilo e respeitoso. Ou você procura impor seu ponto de vista ou deixa que o outro imponha o dele. Se você é daqueles que

precisam ter razão, sua veemência faz com que você perca as estribeiras. E se é daqueles que preferem não entrar em conflito, tende a abaixar a cabeça, negando a si mesmo. Em ambos os casos, perde a capacidade de expressar com clareza aquilo de que necessita de verdade.

Composição

Você doma suas palavras, ou elas domam você?
A maneira como você se comunica com os outros é um fiel reflexo de como fala consigo mesmo. A qualidade, a profundidade e a riqueza do seu vocabulário determinam o tipo de relacionamentos que estabelece. Mas, como foi mal educado, você atualmente é um analfabeto emocional no que se refere às questões mais essenciais da vida. Devido à sua ignorância, não sabe como cuidar do seu diálogo interno. E muito menos como domar as palavras que correm por sua mente e que você regurgita pela boca. Você é escravo da linguagem. Sua forma de se expressar gera conflitos com os outros. E sua maneira de interpretar o que outros expressam gera conflitos para você mesmo. Em vez de utilizá-las como pontes, você transformou as palavras em punhais. A veemência, a repressão e a anulação são um déficit de assertividade, qualidade que representa o ponto intermediário entre duas condutas extremas: a agressividade e a passividade. A assertividade lhe permite manifestar seus anseios, expressar suas prioridades e compartilhar suas aspirações sem agredir nem subjugar seus interlocutores. E o inspira a fazê-lo com muita inteligência e sutileza, encontrando o jeito de não prejudicar nem ferir nenhum

outro ser humano. A verdadeira assertividade requer um estado interno de equilíbrio, paz e bem-estar. Só assim você transcende a emocionalidade que tanto boicota seu jeito de se comunicar.

Tratamento
Não compartilhe tudo com todo mundo
Você é tão egocêntrico que acha que todo mundo tem que saber tudo sobre você. Diz que não suporta que mintam para você, por isso sempre diz a verdade. Mas, de que *verdade* está falando? Da sua? Refere-se a esse conjunto de interpretações, suposições e crenças completamente subjetivas? Não, homem, não! A única *Verdade* que merece letra maiúscula é o Amor. Qualquer pensamento que tiver, interpretação que fizer ou palavra que comunicar que não lhe deixe um sedimento de harmonia, paz e satisfação é uma mentira. Procede do ego, esse grande trapaceiro que quer que você distorça a realidade para continuar sofrendo e entrando em conflito com os outros. Durante três meses observe o que você pensa, o que interpreta, o que diz e como se sente ao dizê-lo. Observe também seu interlocutor. Quando você se relaciona movido pela sabedoria, o intercâmbio comunicativo flui de forma natural, aumentando a energia vital de ambos os envolvidos. Para isso, faça um curso de Programação Neurolinguística (PNL), uma ferramenta muito útil para questionar suas intenções comunicativas e fazer com que suas palavras parem de provocar reações conflituosas com as pessoas do seu entorno. E, especialmente, aprenda a filtrar com sabedoria o que compartilha com os outros.

Lembre-se de que você é dono do que cala e escravo do que diz. Quem quiser conhecê-lo, acredite, vai fazer o possível para conhecê-lo de verdade.

Efeitos terapêuticos
Convida-o a cultivar seu jardim secreto
Aperfeiçoar o modo de falar e administrar o que se diz é sinal de maturidade espiritual. Para não ofender o ego de ninguém, você precisa saber filtrar que informação contará e qual ficará oculta em seu "jardim secreto". Trata-se de um espaço de intimidade onde se encontra sua verdade pessoal, completamente nua. Não confunda ser verdadeiro e honesto com ser radicalmente transparente. Omitir uma informação que o outro não vai ser capaz de aceitar — e que será fonte de conflito e perturbação — não é mentir por piedade, e sim agir com inteligência e assertividade. Cultivar essa qualidade provoca uma série de efeitos terapêuticos (e ao mesmo tempo erradica a agressividade, a veemência, a passividade, a repressão e a anulação):

- Maior habilidade para escolher cuidadosamente suas palavras, compartilhando a informação adequada, de forma eficiente e no momento oportuno;
- Acessos temporários de presença, nos quais, ao se relacionar com os outros, você se mantém calado, escutando mais atentamente e falando com moderação;
- Incapacidade de julgar a vida dos outros como algo pessoal;

- Mais convicção para reservar seu jardim secreto para as pessoas especiais, que de fato sabem valorizá-lo;
- Perda de interesse em fazer suposições e conjecturas sobre a vida dos outros;
- Frequentes episódios nos quais você toma consciência de que é livre para escolher com quem se relaciona, podendo deixar velhas amizades para abrir espaço para outras novas, ainda por chegar;
- Aumento da motivação para falar com gentileza ao se relacionar com cada ser humano que cruza seu caminho.

Quando somos amigos de nós mesmos,
o somos também de todo mundo.

Sêneca

14. Aceitação dos outros
Para os que não sabem amar
e tentam mudar os outros

Considerações médicas
Você quer os outros, mas não os ama
Você não faz ideia do que é o amor. Refiro-me ao verdadeiro, não ao que você está tão acostumado a dar e receber. Embora possa parecer a mesma coisa, existe uma diferença abismal entre "querer" e "amar". Querer é uma conduta egocêntrica. Consiste em desejar algo que lhe interessa, um meio para obter um fim. Como você atua com base na carência e na sensação de vazio, quer os outros na medida em que eles o preenchem e lhe dão satisfação. Quando quer alguém, está pensando em si mesmo. Usa o outro para saciar seus desejos e expectativas. Está tão cego por seu ego que não vê o outro. A projeção o leva a distorcer as pessoas do seu entorno, vendo-as como quer que sejam, e não como são na realidade. A paixão é a máxima expressão do querer. Trata-se de uma reação bioquímica que dura entre seis meses e dois anos — uma espécie de feitiço que surge de seu impulso biológico de procriação. Amar, ao contrário, é uma atitude completamente diferente. É sinônimo de compreender, aceitar, respeitar, valorizar, escutar, agradecer,

atender, oferecer e, enfim, ser amável a cada momento e em cada situação. É um comportamento consciente e altruísta: consiste em ser cúmplice do bem-estar do outro, vivendo-o como um fim em si mesmo. Surge da sensação de plenitude, que o leva a dar ao outro não o que você quer, e sim aquilo de que ele realmente necessita.

Composição

Pare de querer mudar as pessoas
Como você não se aceita como é, é impossível que aceite os outros como são. Você segue pela vida com uma imagem mental de como as pessoas deveriam ser. Por isso reage, sofre e entra em conflito cada vez que alguém não atende às suas expectativas. Movido por sua soberba, interfere na vida dos outros, dando-lhes conselhos e criticando-os pelo tipo de decisões que estão tomando. E, ao fazer isso, em muitas ocasiões se atreve a lhes dizer que "amar é corrigir os erros do outro". Ora, faça-me o favor! Mas a coisa não acaba aí. Depois de se indignar porque a pessoa não lhe dá bola e continua na sua, com o tempo você vai para o outro extremo: a indiferença. Diz que tentou de tudo para que a pessoa mudasse e, por ela tê-lo ignorado, você agora decide ignorar a pessoa de volta. Dê uma olhada nos seus vínculos emocionais. Como você trata os outros? Você os julga? Menospreza-os? Confia neles? Se costuma sentir irritação, tristeza ou ansiedade é porque ainda está em guerra com suas relações. O querer mudar os outros, a indignação, a crítica e a "indiferença" são um déficit de aceitação, que é uma qualidade que se desenvolve quando você começa a deixar os outros

em paz e para, de forçá-los para que atendam ao seu ideal subjetivo de como deveriam ser. Paradoxalmente, ao aceitar os outros como são, sua relação com eles se transforma.

Tratamento
Aceite o fato de que não o aceitam
Já reparou que você gosta das pessoas quando elas gostam de você? E às vezes nem isso. Quantas vezes você ama pessoas que o condenam ou rejeitam? Ocasionalmente ou nunca? Você dá em função do que recebe, sem saber que recebe em função do que dá. Durante três meses, aprenda a aceitar incondicionalmente cada pessoa com quem interagir, aceitando a si mesmo no processo. Isso não quer dizer que tem que concordar com elas, nem aprovar certas atitudes e comportamentos. Apenas procure compreender por que as pessoas são como são. Mesmo quando elas não o aceitam! Não reaja diante delas nem espere que sejam diferentes do que são. Pense que os outros, mesmo sendo egocêntricos, vitimistas e reativos, são perfeitos do jeito que são porque estão em seu processo para a perfeição. Não se concentre num momento específico. Olhe um pouco além. Ao se relacionar com o outro, observe-o, compreenda-o, aceite-o e depois aja a partir disso. Talvez no início exija um pouco de esforço e perseverança para sair de seu padrão egocêntrico. Mas, com o treino, esse estado de presença e consciência começa a surgir de forma espontânea e natural. Essencialmente porque você vê que agir assim faz bem ao outro e a si mesmo. E compreende que aquilo que não é capaz de aceitar nos outros é a única causa do seu sofrimento.

Efeitos terapêuticos
Libere-se do sofrimento interpessoal

Aceitar os outros faz com que suas palavras e ações gozem de uma nova qualidade e você passa a saber se adaptar àquilo de que cada pessoa necessita a cada momento. E assim, sempre oferece seu melhor. Para se beneficiar dessa qualidade, precisa ter desenvolvido a responsabilidade, a proatividade, a compaixão, o perdão, o desapego e a assertividade. A aceitação causa uma série de efeitos terapêuticos (e ao mesmo tempo erradica a vontade de mudar os outros, a indignação, a crítica e a indiferença). Ao cultivar sua inteligência interpessoal, acaba o sofrimento que você mesmo se impõe no relacionamento com outros seres humanos.

- Facilidade para entender que, se o comportamento do outro o perturba, isso é problema seu, não dele;
- Força para cultivar a "amigabilidade", ou seja, a habilidade de ser amigável com as pessoas com quem interage;
- Perda de interesse em interferir na vida dos outros, mostrando-se mais empático, flexível, respeitoso e tolerante;
- Acessos temporários de serenidade, vendo que os outros são perfeitos como são porque estão em seu processo para a perfeição;
- Discernimento para entender que o fato de aceitar uma pessoa não quer dizer que precise passar um tempo com ela;

- Diminuição do uso de construções como "tem que", "deve", "precisa", deixando de criticar os outros por não atenderem à imagem mental que você tem deles;
- Frequentes episódios de ataraxia, nos quais sente seu ego se diluir e, portanto, também vê decrescer sua necessidade de mudar os outros.

Se quisermos ser amados, nos amemos primeiro.

SÊNECA

Para amar a vida como ela é

Além de saber cuidar de sua vida sem interferir na dos outros, é essencial que você aprenda a se relacionar sabiamente com os assuntos da vida, ou seja, com tudo aquilo que acontece no mundo, na realidade, no universo... Cada vez que você se perturba por causa das guerras, da pobreza ou da fome, está se intrometendo nos assuntos da vida, saindo dos próprios assuntos.

Lembre-se de que sua mente está contaminada por conceitos humanos. Por isso, quando observa o estado do mundo, acha que há uma infinidade de coisas que não estão certas e deveriam ser mudadas. Porque tem certeza de que sabe como deveria ser a ordem do universo, em nenhum momento questiona a ignorância que o leva a lutar contra o que acredita que está errado. Independente daquilo em que acredita, os resultados emocionais que obtém dentro de si são o único indicador confiável para medir o nível de sabedoria com base no qual você interpreta a vida e se relaciona com ela.

Assim como você, ninguém quer sofrer voluntariamente. Então, por que as pessoas sofrem? A causa de todo seu sofrimento tem a ver com o fato de que você não sabe nada sobre o funcionamento do universo. Diante dessa evidência, só precisa verificar se chegou à saturação de conflito e insatisfação. Só nesse caso estará em condições de transcender as crenças falsas que o impedem de descobrir a verdade sobre como são regidas todas as criações que fazem parte da Criação, inclusive você.

Quem diabos você acha que é para saber como o mundo deveria ser? Não há ato maior de arrogância que querer mudar a realidade para adequá-la àquilo que seu ego acha que deveria ser. Embora você não saiba e seja muito difícil de aceitar, o universo é regido por uma série de leis perfeitas. Do mesmo modo que se comprovou cientificamente a existência da lei da gravidade, existem diversos outros princípios muito mais intangíveis que governam a vida. Embora ainda não possam ser demonstrados nos laboratórios, você pode verificá-los empiricamente, por meio da sua própria experiência. Cada vez que quebra alguma dessas leis você sofre. Simples assim. A função do sofrimento é detectar sua ignorância, fazer com que descubra o modo de compreender essa ordem perfeita e fluir com ela.

Aprender a respeitar os assuntos da vida o leva irremediavelmente a alcançar a maestria na arte de se relacionar com o que acontece no mundo. E, como resultado, você obtém zero por cento de luta e conflito ao interagir com a realidade. Assim, amar a vida como ela é consiste em aproveitar todas as situações e circunstâncias adversas como uma oportunidade para que sua consciência continue crescendo e evoluindo, aprendendo a dar o melhor de si. Tanto para o estoicismo quanto para Sêneca, essa é a essência do "desenvolvimento espiritual".

A seguir, detalho os sete princípios ativos que Sêneca ensinava para cultivar a "inteligência transpessoal", ou seja, a que lhe permite ir além de si mesmo, melhorando a relação que mantém com a realidade. Embora neste momento lhe seja difícil entender, à vida é muito mais mágica e maravilhosa do que a sociedade lhe explicou. Tomara que você seja suficientemente corajoso para abrir a mente e o coração, questionando seu atual sistema de crenças. Quando vir por si mesmo o que é verdade, nada mais será como antes. Por fim você terá compreendido o sentido da sua existência.

15. Evolução
Para os niilistas, os cínicos e os que se negam a aprender

Considerações médicas
Procure um médico para examinar essa hemorragia cerebral chamada niilismo

Você é daqueles que acreditam que a vida é um acidente regido pela sorte e pelas coincidências. E que não importam suas decisões e ações, pois, em última instância, as coisas acontecem por acaso. Você pode até ter abraçado o niilismo como filosofia, negando qualquer finalidade transcendental da existência humana. Com base nessa crença, costuma levar uma vida vazia e sem sentido. O irônico é que a existência dessas crenças limitantes torna evidente que tudo que existe tem um propósito, por mais que muitas vezes você não saiba decifrá-lo. Assim, acreditar que não tem nenhum tipo de controle sobre sua existência reforça seu vitimismo. E pensar que a vida carece totalmente de sentido justifica sua tendência a fugir constantemente de si mesmo por meio do consumo e do entretenimento. Ou seja, até mesmo essas crenças têm sua própria razão de ser. Cumprem a função de evitar que você enfrente seus dois maiores medos: o medo da liberdade e o medo do vazio. Enquanto continuar acreditando que sua própria vida não depende de você, poderá continuar se esquivando de qualquer tipo de responsabilidade. E enquanto continuar pensando que o universo funciona de forma aleatória e caótica, poderá continuar marginalizando qualquer possibilidade de encontrar resposta para duas inquietantes perguntas: Qual é o sentido da vida? Qual é seu propósito como ser humano?

Composição

Não há nada imperfeito no universo — nem mesmo você
Da mesma maneira que quando você joga para cima um punhado de areia ela não cai no chão em forma de castelo, o universo não foi construído por acaso. Apesar do aparente caos e absurdo, tudo que existe tem um plano, uma razão de ser. Por trás de qualquer fenômeno que você possa perceber com seus sentidos físicos, esconde-se uma lei invisível, que o rege. O fato de você não poder ver essas leis com os olhos não quer dizer que não existam. Trata-se de um conjunto de princípios permanentes e imutáveis que podem ser reconhecidos por meio dos resultados que você obtém. Quando você infringe uma dessas leis, aparecem bloqueios, conflitos e perturbações. Porém, quando aprende a obedecer-lhes, começa voluntariamente a colher resultados satisfatórios. Não importa o que pense sobre essa ordem perfeita; o importante é que saiba de sua existência para aprender a fluir em meio a ela. O que acontece quando você ultrapassa um sinal de trânsito vermelho? Buzinas, susto, acidente, prisão, hospital, cemitério... E o que faz quando se enche de pagar multas? Finalmente decide obedecer às leis de

trânsito. O mesmo acontece com as leis do universo. Está farto de sofrer? O niilismo e o cinismo evidenciam um déficit de evolução, qualidade que consiste em ver a vida como um processo contínuo de aprendizagem, aproveitando as experiências para evoluir.

Tratamento
Tenha a decência de aprender com seus erros
Com certeza você está se perguntando como é possível que tudo seja perfeito se metade do mundo se encontra assolada por guerra, pobreza e fome. Embora existam certas leis superiores invioláveis, há aquelas que os seres humanos podem quebrar. Segundo "a lei da evolução", a humanidade goza de livre arbítrio para desobedecer às leis inferiores, podendo, assim, reconhecer a existência desses princípios por meio do conflito e do sofrimento decorrentes da violação dessas leis. Mas falemos de você. Se quiser mesmo parar de sofrer, durante três meses compreenda como funciona cada uma dessas leis universais. Procure Gerardo Schmedling no Google. E leia tudo o que puder. Quando sua ignorância se transformar em sabedoria, você decidirá obedecer-lhes voluntariamente para obter resultados satisfatórios. O livre arbítrio é a faculdade que a vida lhe concedeu para que possa cometer erros e aprender com eles. O erro é a ferramenta que a natureza utiliza para que você evolua. Abandone qualquer tentativa de interferir ou destruir a ordem perfeita que rege o universo. Talvez leve a vida toda para entender, mas o caos é a ordem que você ainda não compreende.

Efeitos terapêuticos
Permita-se compreender o funcionamento da vida
Só quando você vive na ignorância é que se atreve a transgredir a lei. E, dado que a lei da evolução lhe permite ir contra certas leis inferiores, você pode continuar cometendo erros e não aprender com eles durante o resto da vida. No entanto, desenvolver a qualidade de evoluir lhe proporciona a sabedoria necessária para compreender a função e o funcionamento de todos os processos que fazem parte da realidade, do mundo e do universo. A evolução provoca uma série de efeitos terapêuticos (e ao mesmo tempo erradica o niilismo e o cinismo):

- Diminuição do medo de questionar a cosmologia atual, segundo a qual o universo é governado pelo caos e pelo acaso;
- Frequentes episódios de lucidez, nos quais você detecta os sinais que a vida lhe manda para que termine de lutar contra ela;
- Maior convicção para se desenvolver espiritualmente, informando-se sobre as leis que regem o universo;
- Diminuição do desejo de que o mundo mude, compreendendo que cada processo vital, por mais trágico que lhe pareça, é necessário para quem o vive;
- Incapacidade de continuar tentando destruir a ordem perfeita do universo, respeitando os assuntos da vida;
- Força para substituir os conceitos humanos com os quais foi condicionado por verdades verificadas por meio da sua experiência,

- Perda de interesse em se indignar diante do estado do mundo atual, entendendo que ele é o resultado da violação de certas leis inferiores, que levarão a humanidade, cedo ou tarde, a compreender sua existência.

> Toda a harmonia deste mundo é
> formada por discordâncias.
> SÊNECA

16. Correspondência
Para os que acreditam na injustiça, os que não aproveitam seu destino nem desenvolvem sua missão

Considerações médicas
De que injustiças você está falando?
Estou prestes a soltar uma bomba. Advirto que existe 99,9% de chance de que você perturbe a si mesmo e mande este livro à merda. Preparado? Injustiça não existe. De fato, nunca existiu. Como nunca ninguém lhe explicou que tudo é perfeito e que a realidade é neutra, você continua acreditando que aquelas coisas que não compreende e lhe causam sofrimento são injustas. Você acha injusto que haja tantas desigualdades entre ricos e pobres. Que o sistema econômico esteja destruindo a natureza. Ou que haja gente que ficou na rua por não poder pagar seu financiamento. E em menor escala, também acha injusto que lhe paguem tão pouco pelo muito que você trabalha e que sua sogra seja mais legal com seu cunhado, sendo que você a ajuda muito mais do que ele. Amadureça de uma vez por todas! O estado atual do mundo é um fiel reflexo da imensa doença espiritual de que a humanidade padece. E isso não é bom nem ruim: é apenas necessário. Toda situação, por mais confusa e adversa que seja, tem um propósito de aprendizagem. "Mas para quê?", você

deve estar se perguntando. Para que chegue um momento em que nos fartemos de tanta luta e sofrimento e cresçamos coletivamente em compreensão para nos organizarmos social e economicamente de um modo que crie harmonia e beneficie realmente a todos. As mudanças de verdade não acontecem por bondade, e sim por necessidade.

Composição
Goste ou não, você está nas mãos do carma
Você é muito mais predestinado do que pode imaginar. No universo nada acontece por acaso. O lugar onde você nasceu; a etnia à qual pertence; a genética que o condiciona; o signo do zodíaco que determina seu padrão energético; o modelo mental que determina sua personalidade; os pais que lhe couberam; a cultura e a religião que lhe inculcaram; o tipo de crenças que adquiriu. Absolutamente tudo que o constitui como ser humano foi traçado de forma perfeita para que, por meio de um processo de aprendizagem, você cumpra seu propósito nesta vida: ser feliz, estar em paz com os outros e amar a vida como ela é. Segundo a lei da correspondência, você gera as circunstâncias de que necessita para confrontar sua ignorância. Assim, tende a atrair aquilo que ainda não compreende nem aceita. Só acontece com você aquilo que tem que acontecer. E o mesmo ocorre com o resto do mundo. Acreditar na injustiça mostra uma carência de correspondência. Chame isso de carma, acaso ou sincronicidade, é a qualidade que lhe permite compreender que a todo momento você está em correspondência com as pessoas e situações que lhe cabem na vida. E que, a

menos que aprenda com elas, vai continuar atraindo-as. Até aprender.

Tratamento
Em vez de ser uma boa pessoa, aprenda a ser feliz

Que resultados você obtém ao lutar contra a injustiça? Sofrimento e conflito, não é? Ninguém questiona suas boas intenções, mas elas são movidas pela ignorância. Seu desejo de ser uma boa pessoa o leva a desobedecer às leis que regem perfeitamente o universo, interferindo em processos de aprendizagem necessários para quem os vive. O paradoxo é que você considera injustas exatamente as experiências que possibilitam o crescimento e a evolução dos outros seres humanos. E isso justamente por não querer aprender com as circunstâncias adversas que atrai para a sua vida. Durante três meses, em vez de se perguntar *por que* lhe ocorrem certas coisas, pergunte-se *para que* acontecem. Dê uma olhada em seu passado. Analise as decisões e ações que tomou no dia, bem como os resultados que acarretaram. Essa rede de causas e efeitos é o que determina o tipo de circunstâncias correspondentes que você precisa viver no presente para poder crescer e evoluir como ser humano. Quanto menos evoluído você for, mais situações complicadas e dolorosas atrairá. E caso aprenda com elas, você se tornará correspondente a novas circunstâncias externas, muito mais satisfatórias. Como consequência do seu processo de aprendizagem, você transforma seu destino (o que veio aprender) em sua missão (o que veio entregar), realizando o propósito da sua vida.

Efeitos terapêuticos
Permita-se aprender o que veio aprender
Lembre-se a cada manhã de que você se comprometeu a aproveitar tudo que lhe acontecer como uma oportunidade de aprendizagem e evolução. E que só enfrenta situações que ainda não compreendeu. A evolução não anda para trás, só para frente. Tendo consciência disso, você começa a fluir em sintonia com a lei da correspondência.

Cultivar essa qualidade provoca uma série de efeitos terapêuticos (e ao mesmo tempo erradica sua concepção de injustiça acerca dos acontecimentos do mundo):

- Diminuição do medo de explorar seus temores, frustrações e complexos, sabendo que aquilo que você não faz com consciência, acaba por atrair como destino;
- Maior habilidade para aproveitar os tombos da vida, levantando-se um pouco mais forte e sábio após cada golpe;
- Facilidade para ver que cada qual corresponde ao que vive, em função do tipo de aprendizagem que necessita realizar;
- Acessos temporários de consciência, nos quais agradece pelas situações desagradáveis que está vivendo, pois são as que vão lhe possibilitar encontrar sua missão na vida;
- Mais capacidade para saber o que lhe cabe fazer e o que deixar de lado a cada momento e em cada situação;

- Frequentes episódios de lucidez, nos quais compreende que tudo o que lhe acontece é justamente aquilo de que necessita para aprender a ser feliz;
- Mais convicção para transcender as limitações que o impedem de aproveitar seu destino, gerando uma nova correspondência muito mais satisfatória.

A adversidade é uma oportunidade para a virtude.

Sêneca

17. Equanimidade
Para os que acreditam que as coisas são boas ou ruins e não veem a perfeição inerente à vida

Considerações médicas
Não fique indignado nem seja indiferente ao mundo
Existem três tipos de seres humanos, segundo seu nível de compreensão do funcionamento do universo. No primeiro grupo estão os que você costuma considerar os "maus". Ou seja, aqueles que, movidos pela ignorância, ainda não desenvolveram o sentimento de bondade, mostrando-se indiferentes frente às experiências dos outros. Como ignoram redondamente as pessoas, não se preocupam nem interferem nos processos vitais dos outros. Com certeza você está no segundo grupo, formado pelos "bons". Como desenvolveu a empatia e a sensibilidade, sofre e fica indignado com as injustiças e os dramas que assolam o mundo. Visto que ignora a existência das leis universais, quer resolver os problemas das pessoas que o cercam, tentando destruir a perfeita ordem do universo. No terceiro grupo encontram-se os "equânimes". Como compreendem os princípios que regem a vida, não entram em conflito com a realidade. Respeitam os processos de aprendizagem de todos os seres humanos, estando dispostos a compartilhar sua sabedoria no

momento oportuno. Cada um desses três grupos cumpre uma função necessária e específica dentro do plano pedagógico do universo. A grande diferença é que os maus não sabem que não sabem, os bons acham que sabem e os equânimes sabem que sabem. Por isso, os últimos são os únicos que não sofrem mais ao interagir com a realidade.

Composição
Pare de ser uma pessoa moralista
Você foi condicionado a se reger segundo sua consciência moral, ou seja, a tomar decisões e se comportar baseando-se no que está certo e no que está errado. Desde criança, você tem sido premiado quando é bonzinho e castigado quando é mau. Foi assim que seus pais, com boas intenções, tentaram orientá-lo e protegê-lo. O curioso é que essa fragmentação dualista da realidade é uma distorção completamente subjetiva. Sua moral não é mais do que seu ponto de vista sobre como deve ser a realidade. Assim, as coisas são certas ou erradas em função da ideia que você tem sobre elas na sua cabeça. Nessa mesma linha, os outros são bons ou maus na medida em que se comportam como você espera. E o mesmo acontece com todo mundo. Por isso, na hora de fazer interpretações e valorações, *tudo* é relativo. A moral o leva ao erro de acreditar que precisa mudar a realidade, impedindo-o de aceitar a ordem perfeita que rege o universo. E a não aceitação da realidade o mantém amarrado à luta e ao sofrimento. Uma vez mais, esse fato não é bom nem ruim. É necessário para que chegue um dia em que, saturado de mal-estar, você se dê conta de que a moral é um déficit de equanimidade, qualidade que lhe

permite enxergar o bom no ruim e o ruim no bom, adotando uma visão da vida muito mais objetiva e neutra.

Tratamento
Não existem problemas, só oportunidades de aprendizagem

No universo não acontece nada de bom nem de ruim: tudo o que acontece é neutro e necessário. A vida é um conjunto infinito de processos orgânicos que atravessam diferentes fases e etapas. Na realidade não existem problemas. Nenhum, eu garanto! Eles só existem em sua mente, tão saturada de crenças falsas e limitantes. Mas o que é um problema? Qualquer situação ou circunstância da vida que faça com que você perturbe a si mesmo. O problema aparece quando você luta e entra em conflito com algum dos processos necessários, que fazem parte da ordem perfeita do universo. Assim, cada indivíduo, organização ou sistema que faz parte do mundo está em processo evolutivo. Do mesmo modo, você também está vivendo seu próprio processo, evoluindo. O fato de você o julgar, considerando-o bom ou ruim, não tem nada a ver com o processo, e sim com o que você pensa a respeito. Durante três meses, exercite o hábito de ver a realidade neutra. Entenda que é *algo* que está aí, independente do que você pensa ou sente a respeito. E verifique por si mesmo como seus problemas vão se resolvendo à medida que você aprende com eles. Na escola da vida, as leis de evolução e correspondência não admitem que você passe de ano enquanto não compreender o que a vida — por meio de situações específicas — veio lhe ensinar.

Efeitos terapêuticos
Permita-se neutralizar tudo que lhe acontece

A equanimidade o leva a transcender o pêndulo emocional em que vive ao interpretar a realidade de forma dualista. Digamos que você já não se desequilibra com tanta facilidade, descendo da montanha-russa emocional em que vivia. E assim, pouco a pouco seu bem-estar interno deixa de depender das circunstâncias externas e você aprende a proteger e salvaguardar sua felicidade e paz dos acontecimentos que fogem do seu controle. Cultivar a equanimidade provoca os seguintes efeitos terapêuticos (e ao mesmo tempo erradica qualquer noção dualista e moral da realidade):

- Maior habilidade para ver os infinitos matizes de cinza existentes entre aquilo que alguns veem como branco e outros percebem como preto;
- Acessos temporários de lucidez, nos quais compreende que todas as pessoas, incluindo as mais ignorantes, são necessárias no plano pedagógico do universo;
- Facilidade para interpretar tudo aquilo que acontece com base em sua consciência equânime, dando o melhor de si, independente do que pensa a respeito;
- Perda de interesse em querer mudar os processos perfeitos do universo, aproveitando-os para sua transformação interior;
- Força para não interferir nas atividades dos maus e dos bons, vendo-os de forma mais neutra e sabendo se relacionar com eles com assertividade;

- Aumento de motivação para aceitar as pessoas como são, mesmo quando elas não agem como você gostaria;
- Frequentes episódios nos quais neutraliza as coisas que lhe acontecem, vendo os prós e os contras de cada situação, aprendendo a manter sua serenidade e equilíbrio internos.

> Tudo o que acontece é perfeito porque está
> em seu processo para a perfeição.
>
> SÊNECA

18. Gratidão
Para os que querem mais do que têm, sem saber que o que têm é aquilo de que necessitam

Considerações médicas
Sua tragédia é que você sempre quer mais do que tem
O universo é feito de abundância. No entanto, você continua padecendo de escassez. Se é rico materialmente, quer mais paz. Porém, se é pobre, quer menos precariedade. Se é casado e tem filhos, quer mais liberdade. Ao contrário, se não divide a vida com ninguém, quer menos solidão. Isso é uma constante em sua vida: você sempre quer algo diferente do que tem. Ironicamente, quase nunca obtém aquilo que deseja. Por isso a maioria das suas expectativas se transformou em desilusão e frustração. Para parar de sofrer você deve compreender que "querer" significa exatamente "desejar aquilo que não se tem". Mas, dado que você é mais teimoso que uma mula, permanece empenhado em continuar desejando. Não importa tudo que você obtenha material ou financeiramente. Não importa tudo que consiga no campo espiritual ou afetivo. Seu ego jamais se sentirá satisfeito. Sempre quer mais. Esse modo ignorante de viver o leva a violar constantemente a lei da correspondência, segundo a qual você só pode ter aquilo que corresponde a você. Se não

fosse assim, poderia conseguir tudo que desejasse, destruindo a ordem perfeita do universo. Paradoxalmente, você quer aquilo de que não necessita e que, além de tudo, é a causa de seu sofrimento.

Composição
É impossível você perder aquilo de que necessita
Você veio ao mundo com o necessário para viver. O problema é que não vive como quer. E, dado que nada funciona como você deseja, passa a vida gerando (para si mesmo) todo tipo de conflitos e perturbações. De quanto cianureto mais você precisa para compreender que aquilo que quer está fora das leis que regem o universo? O paradoxo é que agora mesmo, neste exato instante, você tem exatamente tudo de que necessita. Nem mais nem menos. Mas o necessário para quê? Para aprender a ser feliz de verdade, encontrando a felicidade dentro de si mesmo. Você só deixará de sofrer no dia em que entender que não precisa daquilo que quer. Além de tudo, embora seja muito difícil que consiga o que deseja, é impossível que você perca aquilo de que necessita. Lembre-se de que sua existência é um processo pedagógico regido por leis perfeitas. Você sempre está no lugar oportuno, com os recursos exatos para aprender o que lhe cabe aprender. Se interiorizar esse princípio essencial do universo, jamais tornará a padecer de escassez. A queixa por não conseguir o que se quer, a avareza de reter o que possui, bem como a cobiça de desejar sempre mais, são um déficit de gratidão, qualidade que o leva a valorizar a aprendizagem derivada de todas as experiências do passado. E, acima de

tudo, a não dar por certo aquilo que tem no presente, se abrindo para a abundância da vida.

Tratamento
Valorize o que você tem duas vezes ao dia
Você se queixa o dia todo do trabalho, mas o que aconteceria se o perdesse e não pudesse pagar suas contas? Você reclama constantemente de seu cônjuge; mas, e se essa pessoa finalmente decidisse mandar você à merda e fosse embora de casa para sempre? Você está tão cego por seus desejos que não valoriza de verdade o que tem, até que o perca. E não só isso: seu ego o faz enfatizar aqueles fatos que você acha que o prejudicam ou que não o beneficiam diretamente. Não leva nem meio minuto para reclamar quando a internet cai de repente. Mas, quantas vezes valoriza e agradece o fato de poder navegar pela rede? Quantas vezes, em seu dia a dia, você para e agradece por ter suas necessidades básicas atendidas? Quantas vezes agradece por poder compartilhar sua vida com outras pessoas, em vez de viver em uma ilha deserta? Quantas vezes? Seja honesto. Ocasionalmente ou nunca? Durante três meses não dê por certo nada do que tem. Aprenda a apreciar as coisas. Encontre a cada dia pelo menos três detalhes do cotidiano pelos quais se sinta profundamente agradecido. E lembre-se de que sua capacidade de valorizar o que faz parte de sua vida é infinita, tão ilimitada quanto sua imaginação. Valorizar o que você tem é o segredo da riqueza e prosperidade verdadeiras.

Efeitos terapêuticos

Permita-se enriquecer espiritualmente

Por mais ambições que você alimente na cabeça, o propósito da sua vida consiste em aprender a ser feliz e a estar em paz consigo mesmo para poder amar a vida como ela é. Se você ainda não aprendeu isso, vai atrair novas experiências adversas para que possa cultivar sua sabedoria. Pense um pouco. Quais são as situações mais difíceis que já enfrentou? Para que acha que aconteceram? A que atribui o fato de ter sobrevivido a elas? Cultivar a gratidão causa uma série de efeitos terapêuticos (e ao mesmo tempo erradica a queixa, a avareza e a cobiça):

- Mais sensibilidade para agradecer pelo simples fato de estar vivo;
- Perda de interesse em querer e desejar exatamente o que você não tem, dando-se conta de que, se não for feliz com o que tem, também não o será com o que lhe falta.
- Mais convicção para aproveitar tudo que lhe acontece, valorizar tudo que tem e curtir tudo que faz;
- Acessos temporários de consciência, nos quais agradece pelas situações adversas que atrai para sua vida, entendendo que elas são necessárias para o seu desenvolvimento espiritual;
- Maior habilidade para cultivar a riqueza espiritual, apreciando as pequenas grandes coisas da vida que sempre estão ao seu alcance;
- Incapacidade de fazer com que sua felicidade dependa da satisfação dos seus desejos;

- Frequentes episódios nos quais você sorri para a vida com cumplicidade, intuindo a aprendizagem decorrente das experiências complicadas e dramáticas que lhe cabe viver.

> Quem de nós anota em seu diário
> os favores recebidos?
>
> SÊNECA

19. Confiança
Para os que estão obcecados com a segurança e negam a incerteza da vida

Considerações médicas
Você é prisioneiro do seu desejo de segurança
Você está morrendo de medo; por isso quer ter o controle absoluto da sua existência. Repare em sua obsessão por criar e preservar uma mesma rotina, tentando, na medida do possível, não sair do roteiro preestabelecido. É bem provável que você tenha cursado uma faculdade que lhe garantiu opções profissionais, que trabalhe em uma empresa em que assinou um contrato indefinido, que tenha feito um empréstimo no banco para comprar um apartamento. E deve ter também um plano de previdência para não ter que se preocupar quando chegar o dia da sua aposentadoria. Enfim, com certeza você seguiu ao pé da letra o que o sistema lhe disse para fazer a fim de levar uma vida *normal*. Ou seja, completamente planejada e, em princípio, segura e isenta de risco. Com cada decisão que você toma, deseja ter certeza de que se trata da escolha correta, prevenindo-se contra falhas e erros. No entanto, esse tipo de comportamento evidencia que você se sente indefeso e inseguro. E isso, por sua vez, revela que em geral você não sabe conviver com a

incerteza inerente à sua existência. Paradoxalmente, embora lutar para manter o controle lhe gere tensão, abrir mão dele lhe causa ainda mais ansiedade. Por isso você se sente atado, prisioneiro do seu desejo de segurança.

Composição
Pare de inventar perigos para justificar seu medo
A única certeza que existe é que, cedo ou tarde, você vai morrer. E, enquanto isso, está condenado a tomar decisões. No entanto, sua total falta de coragem o impede de fazer uso da sua liberdade de escolha. Quanto maiores são suas inseguranças, mais se deixa levar pela opinião da maioria, negando a possibilidade de escutar a si mesmo. E assim, permite que as neuroses da sociedade se tornem suas também. Em muitas ocasiões você sente medo sem estar diante de nenhum perigo real e iminente. O aspecto doentio disso é que, para justificar e manter seu medo, costuma inventar na mente cenários ameaçadores. Quantas vezes teve medo de perder algo sem que existisse nenhuma evidência científica que confirmasse efetivamente o risco de perdê-lo? Essa distorção cognitiva é conhecida coloquialmente como preocupação. E, assim como a ansiedade, o medo e a insegurança, mostra um déficit de confiança, qualidade que é treinada e desenvolvida quando você começar a escutar sua voz interior, atrevendo-se a tomar decisões movidas pelo coração. Você se fortalece cada vez que toma decisões sozinho, assumindo as consequências dos seus atos. E se permite vislumbrar o carma que você mesmo

gera cada vez que escolhe entre uma opção ou outra, por menor e insignificante que essa decisão lhe pareça.

Tratamento
Só acontece o que tem que acontecer
Você sofre porque pensa no pior que pode lhe acontecer, acreditando que, caso tal situação aconteça, vai estar mais preparado para enfrentá-la. Também sofre porque teme perder o que tem, acreditando que, caso o perca, não poderá ser feliz. Percebe que sofrimento absurdo? Todo o seu medo não é real, é completamente imaginário. Só existe em sua mente porque seu coração está envenenado de desconfiança. Para transcender seus temores você deve compreender que a busca por segurança externa é uma batalha já perdida de antemão. A verdadeira segurança não está relacionada às circunstâncias externas, que são regidas por leis universais que você não pode controlar. Trata-se, isso sim, de um estado emocional interno que lhe permite viver com confiança, coragem e valentia, liberando-o da sua arraigada obsessão de pensar em potenciais ameaças e perigos futuros. Durante três meses, repita todas as manhãs, intimamente, que a vida sempre lhe dá tudo de que você necessita para evoluir como ser humano. Aprenda a confiar que é capaz de tirar algum proveito de qualquer acontecimento. E, especialmente, encontre dentro de si a certeza de que nunca vai lhe faltar o necessário para poder ser feliz. Confiar na vida é o remédio de que necessita para curar seus medos e inseguranças.

Efeitos terapêuticos
Permita-se confiar plenamente na vida

A gratidão surge quando aprende que a vida não lhe trouxe o que você queria, e sim aquilo de que necessitava para se tornar quem é. Isso tem a ver com o passado. Porém, a confiança aparece quando você compreende que a vida não vai lhe trazer o que deseja, e sim, novamente, tudo de que necessita para se tornar quem pode vir a ser (assim, ela está relacionada com o futuro). Dessa forma, você começa a confiar plenamente na vida. De repente, sente que no fim vai dar tudo certo; e que, caso não dê, é porque ainda não chegou ao fim. Cultivar essa qualidade causa uma série de efeitos terapêuticos (e ao mesmo tempo erradica a preocupação, a ansiedade, o medo e a insegurança):

- Maior facilidade para manter a calma cada vez que surgem imprevistos, contratempos e adversidades;
- Convicção para sair da sua zona de conforto e adentrar a incerteza da vida;
- Frequentes episódios nos quais toma decisões movido por sua intuição, sem se importar com a opinião dos outros;
- Perda de interesse em deixar o mistério da existência trancado em uma caixa de certezas, parando de perseguir a segurança absoluta;
- Força para não se preocupar, compreendendo que o pior que pode acontecer é que ocorra algo que representará uma valiosa aprendizagem na vida;

- Maior habilidade para cultivar a resiliência, aproveitando suas circunstâncias adversas para amadurecer emocionalmente;
- Acessos temporários de lucidez, nos quais já não espera nada da vida, mas confia que ela sempre lhe dará tudo de que necessita.

> Tudo que nos acontece, acontece por
> um motivo e para um motivo.
>
> Sêneca

20. Obediência
Para os que acreditam que a liberdade consiste em fazer sempre o que lhes dá na telha

Considerações médicas
Você é escravo do seu desejo de liberdade
Você foi condicionado a ser uma ovelha e seguir o rebanho. Mas houve um dia em que se rebelou, tornando-se um leão. Prometeu a si mesmo que jamais tornaria a se submeter a nada nem a ninguém, que seguiria seu próprio caminho na vida. Muito bem! No entanto, tomou essa decisão de forma adolescente e reativa. Estava tão de saco cheio de receber ordens de todo mundo que se convenceu de que ser livre consistia em fazer o que quisesse quando quisesse. Desde então, sua liberdade foi sendo minada por diversos obstáculos, bloqueios, limites e obstruções. Você sofre por não poder fazer o que lhe dá na telha. Paradoxalmente, em seu desejo de ser livre se tornou escravo da liberdade. É que uma coisa é a vontade do seu ego (o que você quer que aconteça) e outra muito diferente é a vontade da vida: o que tem que acontecer (com você). Você tem todo o direito de desejar, e às vezes — muito poucas — pode até conseguir aquilo que quer. Mas, se espera obter constantemente o que deseja, cedo ou tarde vai se chocar e entrar em conflito com as leis

que regem o universo. Insisto: a vida não está nem aí para o que você quer. Sua função é lhe dar o tempo todo aquilo de que você necessita. Enquanto o que você quiser não for aquilo de que necessita, sua liberdade vai repetidamente dar de cara com o muro da realidade.

Composição
Abaixe a cabeça e renda-se de uma vez por todas
Em nome da liberdade, na verdade a única coisa que você andou fazendo foi se deixar levar por sua libertinagem. Ou seja, pelo impulso infantil de fazer o que quer, como quer, onde quer, com quem quer e quando quer... Embora seja sábio rebelar-se contra o que podemos nos revoltar, não é muito inteligente ir contra a ordem perfeita que rege o universo. Daí a importância de diferenciar entre a vontade da vida e a vontade do seu ego. Tudo de que você necessita é daquilo que tem, ao passo que o que quer é o que lhe falta. Quando você deseja algo e o consegue, é porque necessita disso. Quando não consegue, é porque tal coisa não é necessária para você. Simples assim. Para começar a tomar decisões alinhadas com a vontade da vida você tem que passar por três etapas. Primeiro, empregar seu livre arbítrio para errar e sofrer, reconhecendo, assim, a existência de uma lei universal. Em segundo lugar, é necessário que compreenda como essa lei funciona. E o terceiro e último passo é obedecer à lei que rege o processo contra o qual entrou em conflito. A vontade do ego e a libertinagem são sintomas que evidenciam um déficit de obediência, qualidade que requer humildade, confiança e discernimento enormes. E você experimentará

sua grandeza no exato momento em que abaixar a cabeça e se render à ordem perfeita do universo.

Tratamento

Diferencie entre perseverança e teimosia

Obedecer não quer dizer transformar-se em uma boia à deriva, deixando-se arrastar sem rumo nem sentido. Significa aprender a fluir, guiando-se apenas por intuição. Quando você escuta sua voz interior, sabe o tempo todo o que deve fazer. E também o que é necessário deixar para trás. Em essência, ela lhe permite diferenciar entre a perseverança e a teimosia. Por exemplo: você quer uma determinada coisa e, para consegui-la, precisa se encontrar com uma pessoa específica. Depois de ligar quatro vezes para seu escritório, mandar-lhe dois e-mails e lhe enviar uma carta pelo correio, parece que não há maneira de falar com ela. No processo, não param de surgir obstáculos que o impedem de alcançar seu objetivo. E você não para de se perturbar. A vida está falando, mas você não lhe dá ouvidos. Por isso, pode até pensar em aparecer no escritório da pessoa... Durante três meses, aprenda a renunciar a tudo aquilo que não flui e que, portanto, não lhe corresponde. Mas nunca tente algo menos de três vezes por falta de perseverança. E, por favor, jamais tente algo mais de sete vezes, por excesso de teimosia. Solte qualquer expectativa que tenha acerca da vida. Em vez de esperar que aconteça algo diferente do que está acontecendo, passe a fluir com o que é, com o que acontece a cada momento.

Efeitos terapêuticos

Permita-se fluir e desfrutar a magia da vida

Obedecer é a única liberdade que o livra do seu anseio de liberdade. No entanto, para ganhar essa *batalha*, você vai ter que transcender sua força de vontade. O desafio consiste em ser suficientemente silencioso para poder escutar a voz do seu coração. E, por meio do seu livre arbítrio, conceber seus erros e perturbações como indicadores que lhe mostram como se alinhar com a vontade da vida. É assim que você começa a fluir, desfrutando a magia inerente à vida. Cultivar a obediência provoca uma série de efeitos terapêuticos (e ao mesmo tempo erradica a vontade do seu ego e a libertinagem):

- Incapacidade de continuar forçando para que aconteça algo que até agora só lhe trouxe conflito e sofrimento;
- Maior habilidade para utilizar sua liberdade para obedecer às leis universais;
- Força para questionar e desmascarar os sonhos e as ilusões que procedem da vontade do seu ego;
- Diminuição do medo de abrir mão daquilo que você já percebeu que não deve ter;
- Perda de interesse em continuar se esforçando, lutando e sofrendo para conseguir o que, depois de sete tentativas, você viu que não vai conseguir;
- Mais sensibilidade na hora de ouvir os sinais que o universo lhe manda, tomando decisões com o objetivo de fazer o que a vida o está convidando a fazer o tempo todo;

- Acessos temporários de consciência, nos quais se sente tão em paz consigo mesmo que para de desejar o que falta e começa a fluir com o que há.

> Nossa única liberdade consiste em
> obedecer à vontade da vida.
>
> SÊNECA

21. Aceitação da realidade
Para os que querem mudar o mundo
à imagem e semelhança de seus egos

Considerações médicas

O que você chama de cultura é uma alucinação coletiva
Se você pudesse, acabaria com a guerra, a fome e a pobreza. Se pudesse, eliminaria os exércitos, as armas, o crime e a delinquência. Se pudesse, protegeria a natureza e cada uma das espécies que a habitam. Se pudesse, mudaria o sistema econômico atual por outro que fomentasse a igualdade de oportunidades para todos os indivíduos. Algo me diz que a lista de coisas que você mudaria é infinita... É um gesto muito bonito da sua parte pensar assim. Lamentavelmente, você não está aqui para mudar o mundo. A viagem da vida consiste em aprender a aceitá-lo e a amá-lo incondicionalmente! E isso é algo que nunca lhe disseram. Não foi à toa que você nasceu em uma sociedade tão doente e arrogante, desconectada da sua dimensão espiritual por completo. Ninguém sabe nada sobre as leis que regem a ordem perfeita do universo. Você foi educado para mudar aquilo com que não concordasse. Mas o que vem chamando de cultura não é mais que uma alucinação coletiva. É a soma das distorções subjetivas que os seres humanos vêm transmitindo

de geração em geração. Sua visão profunda da existência é equivocada, falsa e limitada. Por isso você se ocupa com todos os assuntos, menos os seus. A vida funciona perfeitamente sozinha; não interfira. Em nome da humanidade, por favor, pare de encher o saco!

Composição
Seja a mudança que você quer ver no mundo
Lutar contra a realidade é inútil, embora necessário para que você perceba que é inútil. O sofrimento derivado de tentar mudar o mundo lhe ensina que a única mudança necessária é a que você pode realizar em sua consciência. O melhor que pode fazer pela humanidade é ser feliz e aprender a estar em paz consigo mesmo. Pegue toda a energia, o tempo e o compromisso que agora emprega para transformar o exterior e use-os para modificar seu interior. Seja você a mudança que quer ver no mundo. Aja! Mas na direção certa! Primeiro olhe para dentro. Cuide dos seus próprios assuntos. Se quiser que o sistema econômico mude, mude sua maneira de ganhar dinheiro, emancipando-se do Papai Estado e da Mamãe Empresa. Se quiser preservar o meio ambiente, consuma menos, ou compre apenas produtos 100% ecológicos. Se quiser que haja mais amor na sociedade, ame ao próximo como a si mesmo. Mas ame primeiro a si mesmo! Pare de ser parte do problema. Isso é tudo. As coisas mudarão por si mesmas, a seu devido tempo e por meio das pessoas certas. Querer mudar o mundo é um déficit de aceitação, que é uma qualidade que se desenvolve quando você compreende que existe um plano pedagógico que rege a ordem do uni-

verso, e que tudo que acontece é o necessário para que cada ser humano aprenda o que veio aprender.

TRATAMENTO
Aceite que tudo é perfeito do jeito que é
Lembre-se de que você não vê o mundo como ele é, e sim como você é. E que não se relaciona com os outros como eles são, e sim conforme a imagem de como deveriam ser segundo seu ponto de vista. A realidade é o grande palco no qual você se projeta diariamente. E também é o grande espelho no qual vê refletidas suas luzes e suas sombras. No momento em que transforma seus defeitos em qualidades, começa a ver a realidade como ela é, completamente neutra e necessária. Assim, todos os conflitos do mundo vão acabar no dia em que a maioria dos seres humanos resolver seus conflitos internos. Seja o primeiro a dar o exemplo. Durante três meses, aceite e ame a realidade como ela é, aceitando-se e amando-se incondicionalmente. Mas disfarce, não conte a ninguém. As pessoas vão se perturbar se ouvirem uma blasfêmia dessas. E dirão que você é uma má pessoa por ser tão frio, insensível e indiferente. Como não vão pensar assim se foram programadas para isso? Na medida do possível, corte o cordão umbilical com a sociedade. Emancipe-se do sistema dentro do sistema. Pare de ler jornais e ver as notícias na televisão. Desligue-se da "Matrix" e conecte-se à sua realidade, deixando de viver no mundo imaginário criado por sua mente e seus pensamentos. Viva o momento presente. E, esteja onde estiver, dê o melhor de si. Sempre.

Efeitos terapêuticos
Liberte-se do sofrimento transpessoal

É impossível aceitar algo que você ainda não compreendeu. Assim como a água ferve ao atingir cem graus Celsius, quando você acumula certo grau de energia e de treinamento, aumenta seu grau de consciência e, portanto, seu nível de sabedoria sobre as leis que governam a ordem perfeita do universo. Só então é possível que você aceite o que é. Para se beneficiar dessa qualidade, precisa ter desenvolvido a evolução, a correspondência, a equanimidade, a gratidão, a confiança e a obediência. A aceitação provoca uma série de efeitos terapêuticos (e ao mesmo tempo erradica a vontade de mudar o mundo). Ao cultivar sua inteligência transpessoal, acaba o sofrimento que você se provoca ao se relacionar com a vida.

- Facilidade para não se perturbar cada vez que lhe falam de uma tragédia que ocorreu do outro lado do mundo;
- Força para compreender e aceitar que mesmo as coisas que parecem mais terríveis são necessárias para quem as vive;
- Perda de interesse em ir contra o sistema, empregando sua energia para modificar sua maneira de ganhar e gastar dinheiro;
- Ataques temporários de lucidez, nos quais deixa que a vida se ocupe dos próprios assuntos;
- Discernimento para saber quando está interferindo nos assuntos da vida para não se responsabilizar pelos seus próprios;

- Diminuição do uso de construções como "tem que", "deve", "precisa", parando de se lamentar pelo estado do mundo por ele não atender à imagem mental que tem dele;
- Frequentes episódios de ataraxia, nos quais deixa de distorcer a realidade, detendo para sempre seu sofrimento.

> A vida é a escola à qual viemos
> para aprender a viver.
>
> Sêneca

VI. O EXCIPIENTE

A vida como aprendizagem

Os princípios ativos contidos nos medicamentos não são facilmente absorvidos pelo corpo humano. Por isso, na farmacoterapia são utilizados diversos "excipientes", ou seja, cápsulas, comprimidos, pastilhas, supositórios ou soluções líquidas. Esses *veículos* são o que, em última instância, possibilitam que o paciente se beneficie das propriedades curativas.

Do mesmo modo, para que este medicamento cure sua alma, não basta ler os 21 princípios ativos. Também não é suficiente entendê-los intelectualmente. É impossível que absorva as propriedades curativas deste livro por meio da mente. É necessário que as experimente, só assim elas chegarão ao seu coração.

O excipiente do medicamento que você tem em mãos se chama "desenvolvimento espiritual". Esse é o único *veículo* capaz de levá-lo à cura que você busca: a erradicação definitiva das doenças da sua alma. Só por meio do treinamento e da prática diários você pode transformar sua ignorância em sabedoria, e seu sofrimento em felicidade.

Por isso a importância de conceber a vida como uma aprendizagem para se aceitar incondicionalmente, de modo que possa abraçar a realidade sem condições. E isso passa por se comprometer, a partir de hoje mesmo, a aprender com tudo que lhe acontecer e com todas as pessoas com as quais interagir, momento a momento. É fundamental que esse treinamento espiritual se torne sua prioridade máxima, pelo menos durante os próximos três meses.

Lembre-se de que não há nem um único motivo em todo o universo pelo qual vale a pena se perturbar, pois, em essência, tudo é perfeito. No dia em que aprender a ser feliz por si mesmo (zero por cento de sofrimento), a estar em paz com os outros (zero por cento de reatividade) e a amar a vida como ela é (zero por cento de conflito e luta), compreenderá do que estou falando. Enquanto isso, continue treinando.

VII. A CURA

Agradecimentos

Se você continuou lendo até aqui, só espero que não tenha levado nenhuma dessas reflexões como algo pessoal. Em parte, escrevi este livro para mim mesmo, para recordar o que não quero esquecer novamente. E agora que por fim posso dizer que estou em paz comigo mesmo e com a vida, só tenho palavras e sentimentos de gratidão por todas as dificuldades, adversidades, desgraças, castigos, azares e outras tragédias que tive a sorte de experimentar ao longo da vida. Cada uma delas me trouxe justamente a aprendizagem de que necessitava para me curar e erradicar pela raiz a ignorância que tanto me fez sofrer. Aproveito estas linhas para agradecer às três mulheres mais importantes da minha vida — elas sabem quem são. Também agradeço pelo apoio e cumplicidade dos meus colegas de aprendizagem, cuja lista de nomes formaria outro livro. E (como não?) obrigado a você, querido leitor, por estar do outro lado.

VIII. BIBLIOGRAFIA RECOMENDADA

Livros sobre Sêneca e o estoicismo

Caso queira continuar se aprofundando sobre a filosofia do estoicismo em geral, e sobre a obra de Lúcio Aneu Sêneca em particular, recomendo de coração os seguintes livros:

- *Meditações*, de Marco Aurélio;
- *Os 7 hábitos das pessoas altamente eficazes*, de Stephen Covey;
- *O manual de Epiteto*;
- *Em busca de sentido*, de Viktor Frankl;
- *Cartas a Lucilo*, de Lúcio Aneu Sêneca;
- *Tratados morales*, de Lúcio Aneu Sêneca;
- *Los estoicos: Epicteto, Séneca y Marco Aurelio*.

E embora não haja livros publicados sobre o tema, também recomendo encarecidamente que adentre os ensinamentos de Gerardo Schmedling, que você pode encontrar se procurar na internet.

Este livro foi composto na tipologia Minion Pro,
em corpo 11,5/16,4, impresso em papel off-white
no Sistema Cameron da Divisão Gráfica
da Distribuidora Record.